京师传播文丛

全媒体时代下的国际视野与数字变革

周　敏　王　蕊　主编

中国国际广播出版社

图书在版编目（CIP）数据

全媒体时代下的国际视野与数字变革 / 周敏，王蕊主编. —北京：中国国际广播出版社，2023.2
（京师传播文丛）
ISBN 978-7-5078-5314-8

Ⅰ.①全… Ⅱ.①周…②王… Ⅲ.①新闻学－传播学－文集
Ⅳ.①G210-53

中国国家版本馆CIP数据核字（2023）第028535号

全媒体时代下的国际视野与数字变革

主　编	周　敏　王　蕊
责任编辑	王立华
校　对	张　娜
版式设计	陈学兰
封面设计	赵冰波

出版发行	中国国际广播出版社有限公司 ［010-89508207（传真）］
社　址	北京市丰台区榴乡路88号石榴中心2号楼1701
	邮编：100079
印　刷	北京九天鸿程印刷有限责任公司

开　本	710×1000　1/16
字　数	200千字
印　张	14.25
版　次	2023年4月 北京第一版
印　次	2023年4月 第一次印刷
定　价	35.00元

京师传播文丛
编委会名单

总　序

把握数字革命基础上的传播变革是一项亟待破解的时代命题

喻国明

习近平总书记在主持中共中央政治局第十二次集体学习时强调："全媒体不断发展，出现了全程媒体、全息媒体、全员媒体、全效媒体，信息无处不在、无所不及、无人不用，导致舆论生态、媒体格局、传播方式发生深刻变化。"智能化革命是一场划时代的跨越，是从工业文明向数字文明的深刻转型，正在带来传播领域的巨大变化。面对数字革命所带来的一系列现象级的改变，如何从总体性上把握技术驱动下社会传播领域的变化趋势、深层逻辑及演化机制，已成为实现传播实践有序发展和不断升级的必答题。

一、数字革命的全面渗透正在引发传播领域的一场革命

社会的智能化是一场革命，事实上，数字革命技术的全面渗透导致的关键变化是对传播网络所链接的全部关系的总体性重构。不同于对某些传播环节及某个传播要素所进行的"小修小补"的改良性技术，数字革命技术的全面渗透将创造一个无限量的巨大信息网络，并将从前无法纳入其中

的更加多维的关系连接纳入人的实践体系的可操控范围中，也即从传统的人与人之间的连接全面走向人与人、人与物、物与物之间的系统连接，创造智能终端之间的超级链接体系。

显然，当一系列新的关系要素实现了对于人类实践的"入场"，便会使社会传播成为一个"开放的复杂巨系统"，并在多重、多维的复杂因素的交织影响下实现"换道行驶"。媒介的迭代与技术的升维从某种意义上看就是持续地为传统社会中相对无权者"赋能""赋权"。数字技术改变了传媒行业因机械复制技术所形成的"一对多""点对面"式的信息垄断格局，瓦解了传统社会信息不对称的大众传播秩序。"人人都是传播者"极大地推动了丰富多彩、纵横交错的不同连接方式的交流与传播的实现，实现了更多的传播模式的涌现："物"成为新的公共信息"承载者"，社会热点的表达凸显出"后真相"、非理性等特点，关系认同、情感共振成为社会沟通与社会共识建立的关键，而平台级媒体及作为其运行内在引擎的智能算法则成为信息传播的关键性中介。

可见，未来的数字化治理必须超越仅着眼于传播领域中某个要素、某些环节的改变，而就事论事地制定某类传播主体发展路径或治理对策的传统视角的局限，应依据复杂性理论的范式、因循生态学理论、演化博弈理论以及社会网络学习理论等路径，针对我国传播领域的发展现状和未来趋势构建起一整套符合未来传播实践的传播生态治理的系统模型，从多元行为的关系连接与交互维度上去把握传播生态系统的发展演化过程，并基于此引导新时代社会信息传播系统实现健康有序和可持续的发展。

二、数字革命技术促成传播生态的全面重构

上述对于传播环境根本性变革的分析告诉我们，在数字革命技术的强大作用下，媒介产业的变革方向和媒介融合的发展路径已经成为现阶段传

播领域的重中之重。总的来看，迄今为止主流媒介的传播实践呈现出较为显著的"传播者中心"的立场。然而，新时代传播领域的基本现实是：在"个人"为社会运作基本单位的微粒化社会中，多层成分、多元主体已经成为构造传播场域的基本力量，受传者已经不再是我们所熟悉的"大众"，而是基于"圈层化"存在的一个个有血有肉、有个性、有情绪、有特定"趣缘"彼此支持下的人；"摆事实讲道理"式的大众传播逻辑在这里遇到了关系连接与圈层"茧房"的强大阻击，传播的触达、认知与认同机制发生了重大改变。媒介融合进程中如何实现新传播环境下的全程媒体、全息媒体、全员媒体、全效媒体的目标，达到主流资讯无处不在、无所不及、无人不用的境界，必须有一个生态级意义上的"羽化成蝶"的深刻改变。

首先，从传播内容的供给侧来考察，短视频和直播在人类历史上第一次把社会性传播的门槛降到如此之低，让每一位用户都可以发出自己的声音。而5G对于视频的加持则强化和扩大了这种"泛众化传播"的社会影响的宽度与深度。并且，数字革命时代的无人机普及，各种环境中摄像头、传感器无所不在，都进一步超越了传统媒体的时空局限与感官局限进行丰富多彩、立体多维的信息采集，而其中的某些具有社会价值的信息则可能经智能系统自动加工后直接发送给多元用户。概言之，数字技术带来的"泛众化"的传播供给侧，致使多元传播弥漫在人们的各类日常生活的场景中。

其次，就传播形式的丰富和扩张而言，数字革命时代的传播因其传播形式的"全息化"、多样态，信息传播已"渗透"社会生活的方方面面，成为无所不在、无时不有的影响力"在场"。而传播技术的应用会以用户场景为聚焦点而不断创新信息的组织形式、传播模式和内容形态。就传播载体"全程""全息""全员""全效"而言，随着以短视频为代表的视觉传播成为社会传播的主流形态，内容传播者因应当下移动化、碎片化和社交化的传播场景，以主题人物、热点事件和温情故事等为主要题材，通过碎片化的视觉表达和情感共振、关系认同的传播模式广泛应用，使得内容生产与传播形式转型为一系列直击人心的混合情感传播模式。

最后，智能化也使传播渠道发生了全新的变化。面对媒介生产和用户端的赋能赋权，极具多样性和复杂性的信息生态出现了供需危机，内容传播的精准化已成为"互联网发展的下半场"传播转型的重点。智能分发中的算法机制所要解决的终极问题是要把合适的内容传播给适切的用户。依托机器算法且拥有海量用户及强大黏性的平台遽然崛起成为平台型媒体，它承担起连接信息生产者和用户的开放、多元和普适的平台型中介的角色。而伴随着"生产者—平台媒体—用户"模式的确立，执掌信息选择权的重心正在从传统主流媒体过渡到平台型媒体。原本处在内容生产传播引领者位置的传统主流媒体正在逐渐弱势化和边缘化，成为影响力有限的专业的新闻和观点的供给者，而平台型媒体则逐渐跃升为新的行业操纵者和传播规则的制定者，实现了向传播权力中心的跃进。

三、数字革命推进面向未来的传播实践的革命性转向

传播技术的智能化发展为现实社会以及虚拟网络空间中的传播机制和传播效应带来了一系列新的挑战，也带来了元宇宙、区块链、物联网、移动互联、XR（扩展现实）、云计算、流媒体视频等技术的新发展，它们正在深刻地改写传播领域以及社会发展深层逻辑。这已经不是一项"弯道超车"的发展模式，而是一项"换道行驶"的全新发展模式。因此，关注智能化技术革命下传播领域内外的革命性改变，全面把握社会传播生态系统与权力格局的变迁态势，系统审视智能技术革命下网络社会空间治理模式和范式转型变革中亟待突破的关键问题和基本应对思路，应该成为新闻传播学实践转向的关键。传播实践已经站在全新的拐点上，面对"换道行驶"

的全新未来。它包括且不限于：

　　——全社会的"媒介化"。媒介化理论视角认为，媒介可以与其他社会范畴相互建构，作用于人类社会形态的媒介形式，其意义远胜于其内容。这一理论视角强调了媒介逻辑对社会的建构作用，也强调了媒介与社会的相互形塑。人作为居间主体，其实践具有能动性，因此，可以通过宏观和中观型态与实践的分析对媒介化进行解构，探究行动场域中不同社会角色之间社会交往和关系的变动模式，包括个人与组织、个人与媒介、社会与媒介关系的变革，从实践视角分析和把握媒介化能够为我们搭建经验材料分析的实践基础，更好地帮助我们把握媒介化进程中的微观、中观、宏观层级变化。

　　——"型态"与社会实践的结合。"型态"是指智能新媒介技术催生出的新的社会行动方式和组织起的新的社会交往关系，包括个人与组织、个人与媒介、社会与媒介关系的变革，它将全面助力智能新媒介逻辑对社会实践的形塑。未来的传播实践必须超越传统的媒介实践范式，将媒介与个体借由行动空间串联起来，将社会学相关概念融入媒介化实践的决策视野。以"型态"与社会实践的视角展开探索与创新，以"点—线—面"的实践试点为依据，运用更为贴合的理论工具，以期在未来传播中对媒介化理论与实践及其社会效果的把握有全新的突破。

　　——媒介与社会变迁的"互构"。在过往的传播实践中，媒介或是被置于社会发展的关键节点——媒介以其自身的"偏向"解构社会形态，或是被理解为承担既定社会功能的一种"工具形式"，这种将"媒介"与"社会"相分离的实践模式忽略了媒介的作用过程，变成单纯强调媒介与社会之间的决定/非决定关联的实践范式。我们认为，借鉴SCOT（技术的社会建构）路径，同时对媒介演进基本逻辑与实现机制做出探索，不仅考虑科技物体本身，而且考虑科技物体的发展过程，摒弃科技决定论，也反省社会决定论，同时观照媒介对社会的影响及社会对媒介的作用，思考媒介与社会之间的相互形塑（mutual shaping）、相互生产（coproduction）的"互构"关系及其实践。

——媒介影响社会结构的"制度化"。"制度化"的行动路线，即将媒介的形式视为一种独立的制度化力量，强调并致力于实现媒介作为社会现实框架的组成要件。制度视角致力于把握特定情形下社会结构如何扮演社会交往的资源，以及社会结构如何通过能动性得以再生产和变化，这也是所谓媒介逻辑的作用规则。媒介逻辑被用来描述媒介所具有的制度的、审美的、技术的独特样式及特质，以及借助正式和非正式规则运作的方式，从而提升媒介有效地影响更为广泛的文化和社会的能力。

正是在这一时代命题之下，作为有"学新媒体到新街口"之美誉的北京师范大学新闻传播学院与中国国际广播出版社签署了"京师传播文丛"（共 12 本）的出版计划，为回答新时代、新传播的发展命题奉献我们北师新传学人的心力与智慧。首批出版的 4 本书是：《情绪：网络空间研究的新向度》《重构传播学：传播研究的新范式、新方法》《互联网平台未成年人保护发展报告（2022）》（暂定名）、《医患共同体：数字健康传播关系价值的图景想象》（暂定名）。相信第二批、第三批著作将更为精彩，让我们翘首以待。

（喻国明，北京师范大学新闻传播学院教授、博士生导师，北京师范大学"传播创新与未来媒体实验平台"主任，中国新闻史学会传媒经济与管理专业委员会理事长）

2022 年 8 月

目　录
CONTENTS

专题一
国际传播与公共外交

中国视听传媒的国际传播与国家文化软实力的契合发展初探

方芸溪

摘要：当今世界已成为充满文化与价值观较量的"软实力"世界，中国国家软实力的提升刻不容缓。本文从中国国家软实力的现状及特性出发，通过分析中国视听传媒和国家文化软实力的相互作用，论证了二者的内在契合关系。基于这种契合关系，中国的视听传媒亟须正视中国文化国际传播所面临的现实阻力，并通过自我革新寻求对现状的改变与突破。

关键词：视听传媒；国际传播；文化软实力

引 言

这是一个用软实力"说话"的时代。自"软实力之父"约瑟夫·奈在其著作中首次提到"软实力"的概念，这个概念已逐渐成为话题的中心，意味着无论是在国际政治领域还是文化领域，"硬实力"都不再作为人们考量一个国家综合实力的唯一标准。在全球各国经济、军事等硬实力增长的当下，中国认识到国际形象在软实力领域的重要性。一方面，随着"一带一路"倡议的深入推进，中国在国际社会上的整体实力和作用日趋提升，但在波谲云诡的国际社会中，一些国家对于中国高速发展的态势仍然质疑。"中国威胁论"等针对中国的言论恰恰意味着中国的软实力水平还没有达到与政治、经济、军事等硬实力同步提升的程度①。在全球化进程中，文化的多元碰撞、价值观的交融和对冲，无不说明当今世界已经不仅是一个比拼军事力量、经济水平等"硬实力"的世界，而且是充满文化与价值观较量的"软实力"世界，中国国家软实力的提升刻不容缓。

另一方面，大数据时代传媒生态巨变，深刻改变着国际传播的格局。对中国来说，这是机遇，也是挑战。有效利用视听传媒与国家软实力的内在契合关系实现中国文化的国际传播成为中国在国际竞合中取胜的关键。因此，本文将从中国国家软实力的现状及特性出发，通过分析中国视听传媒和国家文化软实力的相互作用论证二者的内在契合关系。最后，本文将进一步讨论国家文化软实力国际传播所面临的现实阻力以及如何通过自我革新寻求突破并改变现状。由于篇幅有限，本文将着重对软实力的文化方面进行论述，在"意识形态影响力""制度安排影响力"等其他方面不做概述。

一、中国国家文化软实力国际传播的发展历程与现状

（一）中国国家文化软实力的概念变迁

在其著作中，约瑟夫·奈将软实力定义为"国家行为体通过吸引而不

---

① 江雨时，朱伯玉.基于文化自信的中国软权力建构［J］.山东理工大学学报（社会科学版），2018，34（1）：36-41.

是强迫或支付来获得想要的结果的能力"①。军事和经济实力可能会经常让其他国家改变它们的立场，但有时国家行为体也可以在没有威胁或回报的情况下得到它们想要的结果。行为体间接获得其想要的东西的方式有时被称为"权力的第二面"。一个国家可能会在世界政治中获得它想要的结果，因为其他国家欣赏它的价值，效仿它的榜样，渴望达到它的繁荣和开放水平，因此想要追随它②。从这个意义上来说，制定议程和吸引其他国家参与世界政治也很重要，而不仅仅是通过军事力量威胁或经济制裁来迫使它们改变。

同时，软实力也不简单等同于影响力。毕竟，影响力也可以依赖于建立在"胡萝卜"和"大棒"（诱惑和威胁）之上的硬实力。软实力不仅仅是说服或通过辩论打动人们的能力，尽管这是其中较为重要的一部分，它也是一种吸引的能力，而吸引往往会导致默许。软实力的特点在于，它使一个国家能够构建一种局面，使其他国家以与自己相一致的方式发展自己的偏好或确定自己的利益。

有不少学者提出，软权力（soft power），或被学界更广泛地译为"软实力"，其背后的主客体构建框架更加符合西方国际关系学语境，依据的是美国的国家利益和价值取向③。但基于中国的国家历史及文化特点，如何通过中国自身的权力框架构建带有中国特色的"软实力"概念仍是一个值得探索的问题。此外，约瑟夫·奈对于软实力和硬实力的划分过于绝对，这常常无法解释国家间如"军事合作""军事交流"之类的行为。一些学者从而提出了处于硬软交界、兼具强制性和吸引力的"中性实力"④，综合了硬软实

①　NYE J S. Soft power: the means to success in world politics [M]. New York: Public Affairs, 2004: 25.

②　唐代兴. 从软实力角度看文化自信 [J]. 吉首大学学报（社会科学版），2018，39（4）：3-7, 2.

③　皮凡倩. 公共外交视阈下大型体育赛事对国家软实力的影响 [D]. 上海：上海外国语大学，2016.

④　刘天骄. 浅析国家软实力概念及其引发的思考 [J]. 理论观察，2017（10）：59-161.

力的"巧实力"战略,以及将传统软实力与贸易、网络攻击等强硬手段联姻的"锐实力"①。另有学者认为,近20年来,带有中国特色的国家软实力概念经历着不断的变迁。从界定上,国家软实力所涉及的主体已经不仅是国家本身,而是涵盖了区域、企业甚至个体等多个构成要素。同时,"软"与"硬"的边界开始被打破。与约瑟夫·奈书中所提到的软实力的军事、经济"禁区"不同,更多的学者对"硬资源软应用"进行了探讨,并将软实力从政治文化领域延伸至前所未有的新领域和方面。这其中就包括了本文将着重论述的视听传媒领域。

尽管学界对于"软实力"的概念变迁及其背后的国家战略演变众说纷纭,但他们普遍赞同的是软实力都具有的最重要的"文化内核",以及这种文化内核在国家实力和国际形象中的贯穿作用。对中国而言,文化软实力的发展首先离不开"文化自信"。正如习近平总书记所说,坚定文化自信作为坚定道路自信、理论自信、制度自信的"题中应有之义",是"更基础、更广泛、更深厚的自信"②。一个民族只有首先对自己的民族文化产生自信,才能够进一步拥有吸引和打动其他人的能力,即文化软实力。

中国共产党第十九届中央委员会第五次全体会议公报提出:"繁荣发展文化事业和文化产业,提高国家文化软实力。坚持马克思主义在意识形态领域的指导地位,坚定文化自信,坚持以社会主义核心价值观引领文化建设,加强社会主义精神文明建设,围绕举旗帜、聚民心、育新人、兴文化、展形象的使命任务,促进满足人民文化需求和增强人民精神力量相统一,推进社会主义文化强国建设。"③可以推断,在建设社会主义文化强国的进程中,坚定文化自信与提升国际文化软实力具有极强的内在关联。这

---

① 王新影.西方语境下的"锐实力"概念解读及应对[J].教学与研究,2018(7):95-102.

② 李君如.坚定道路、理论、制度自信,说到底是要坚定文化自信[J].国外社会科学前沿,2019(5):4-8,83.

③ 引自中国共产党第十九届中央委员会第五次全体会议公报。

种关联来源于共同的历史渊源、文化属性以及二者贯穿于历史和未来的时代使命。

（二）"讲好中国故事"的宏观国家战略与中国国际话语体系构建

习近平总书记在中国共产党第十九次全国代表大会上的报告中曾多次提到软实力建设，例如对现状的总结"思想文化建设取得重大进展""国家文化软实力和中华文化影响力大幅提升，全党全社会思想上的团结统一更加巩固"①，以及"从 2020 年到 2035 年，在全面建成小康社会的基础上，再奋斗十五年，基本实现社会主义现代化""社会文明程度达到新的高度，国际文化软实力显著增强，中华文化影响更加广泛深入"。在"坚定文化自信，推动社会主义文化繁荣兴盛"一章中，习近平总书记提到要"加强中外人文交流，以我为主、兼收并蓄。推进国际传播能力建设，讲好中国故事，展现真实、立体、全面的中国，提高国家文化软实力"。自这个创新理念被首次提出，"讲好中国故事"作为国家战略已经取得了较好的成效，这不仅体现在传播范围从国内走向海外，还伴随着中国故事内容的不断丰富和传播渠道的不断更新。

约瑟夫·奈在书中提到，当代国际竞合的成功，并非通过一般性的强硬手段实现，而更多取决于"谁的故事取胜"②。他进而提出，成功的故事会打造国际话语权，也就是国际文化软实力的证明③。作为国家战略，"讲好中国故事"是中国国际话语权和文化软实力的连接体④，它既可以通过讲述国

---

① 引自习近平总书记在中国共产党第十九次全国代表大会上的报告。

② NYE J S. The rising of China's soft power ［N］.Wall street journal Asia，2005-12-29.

③ NYE J S. Soft power：the means to success in world politics ［M］. New York：Public Affairs，2004：25.

④ 陈先红，宋发枝 . "讲好中国故事"：国家立场、话语策略与传播战略 ［J］. 现代传播（中国传媒大学学报），2020，42（1）：40-46，52.

家故事向外界传递中国特有的文化符号和文化特征，为提升中国国际话语权创造可行性更高的内容载体，同时也有助于通过国际传播手段将中国的故事文化转化为文化软实力。

同时，中国相当成功地通过经济的迅猛发展提升了本国的软实力。无论是高效解决亿万人口的绝对贫困问题的壮举，还是在 126 个国家设立 475 所孔子学院、累计注册汉语学习者 345 万人，都让人们对这个国家产生了浓烈的好奇，进而导向了一种中华传统文化的吸引力。悠久的中华传统文化意味着中国拥有丰富的潜在软实力资源，而经济的发展使这些深深埋藏的"资源"得到了初步挖掘。2020 年，中国脱贫攻坚取得全面胜利，被英国广播公司、泛非通讯社、印度时报、美国道琼斯通讯社、巴基斯坦国际新闻社等世界各国主流媒体报道，这一壮举迅速辐射至全球，成为热议度最高的话题之一。2008 年北京奥运会以及 2022 年北京冬季奥运会以其超大的规模和全球影响力与关注度成为视听传媒国际传播的最好内容。让其在国际社会获得广泛关注的不只是赛事的精彩，还有"无处不在的中国文化元素以及其展示出来的中华文化独特魅力"①。憨态可掬的野生大象从西双版纳跋涉 1300 多公里一路北上，长达一年的迁徙过程、67 万条全球报道让世界看到了一个疆域辽阔、生物丰富多样、注重野生动物环保的中国形象。APEC 会议、世界互联网大会、金砖国家峰会等大型国际会议在中国举办，彰显了中国出色的确立国际议题的能力和令世界认可接纳的外交实力。

此外，中国大力援助亚洲、拉丁美洲及非洲的众多第三世界国家。从 20 世纪 50—70 年代支持他们的民族解放事业到给予大量无偿的经济援助，再到 21 世纪建立互利共赢和共同发展的新型经济关系，这些援助项目始终以不干涉内政、不附加任何政治条件为最大特色，且因为不受西方人权

---

① 《2021—2022 中华文化国际传播十大案例》发布 [EB/OL]. (2022-05-31). https://baijiahao.baidu.com/s?id=1734315524877538311&wfr=spider&for=pc.

观念方面的限制而成效显著。另外，在"中国梦""亚太梦""人类命运共同体"等纲领性新概念提出的基础上，中国在发展中的金砖国家新开发银行、亚洲基础设施投资银行（简称"亚投行"）和非洲开发银行以及亚太自由贸易区等机构中践行、充实这些概念。通过这些已经建立的大型国际多边组织和区域机构，中国正在试图补充和完善世界共存发展的多边主义格局。此外，中国也投入了大量资金支持其他软实力项目，例如向亚投行提供 500 亿美元，向金砖国家新开发银行提供 410 亿美元，向丝绸之路经济带提供 400 亿美元，向海上丝绸之路提供 250 亿美元。这种投资规模是前所未有的，更是心系广大发展中国家人民福祉的伟大善举。

国家经济发展与国力增强使得国家文化软实力的沿革和影响持续扩大，体现出国家文化软实力在国家形象塑造、国际地位提升和国际影响增强方面作用越来越巨大的趋势力量。

二、视听传媒表达方式与传播渠道创新

（一）大数据时代的视听传媒生态巨变，深刻改变国际传播格局和形态

当下，人们的信息化生存本能正在被逐渐激发，这使得世界各国的公民对于信息传播的诉求得到了空前的释放和满足[①]。这也是一个信息爆炸的时代，新媒体技术激励着人们获取和创造新的内容，在国际传播社会化转型和变革中都发挥了至关重要的作用。与此同时，视听传媒的技术革新增强了国际社会迄今被遗忘的群体和声音，它的渠道因此成为新的经济、政治和文化边界争夺的竞技场。就全球范围而言，在多元传播主体介入的情

---

① 李智，刘萌雪.新媒体时代国际传播的社会化转型［J］.对外传播，2019（12）：43-44.

况下，信息传播流程缩短以及信息全球流动的双向化，挑战了由西方大国及其主流国际媒体所构建的单极化国际传播格局的不对等、不均衡现状①，转而日益趋向多元化，并旨在重构一种多中心甚至去中心化的国际传播秩序。近年来，随着新兴经济体在国际传播中崛起，国际话语权的争夺以及随之到来的国际话语体系框架改变成为必然②。各国国内主流媒体与新媒体的协同发展以及社交媒体的介入，极大地打破了国际传播原有的单一形态。可以说，国际传播格局的变革与重塑正在发生，这不仅是跨越国界的信息传播活动，更是一场国际社会的舆论斗争和国家软实力比拼。从政治环境来看，基于移动互联网传输的海量视听信息 IP（Intellectual Property，知识产权），以及接近无限大的社交化交织传播与再创作，都促使着各国政府不断调整自己的政治环境和媒体政策更加趋于开放。近几年来，中国政府大力推动融合媒体新生态的重构建设，加快出版、广电等传统媒体与新媒体在体制机制、政策措施、流程管理以及人才技术等方面的融合发展，并鼓励一批具有强大影响力和竞争力的新型主流媒体构建一种内宣外宣联动的主流舆论格局以及全媒体传播体系③。

随着手机等移动互联网终端的普及化所形成的全新传播平台和以这些平台为媒介而不断翻新的视听传媒形式，使得文化信息的跨文化、跨国别、跨语言交流成为现实。在微信、Twitter（推特）等以社交功能为主的平台上，借助于智能手机的技术进步，大量的应用程序和衍生网络产品如潮水般涌现繁衍，构成了视听传播的主要渠道。此类媒体提供的个性化信息，使用户具有高度互动性与参与性，具体体现在人人皆可成为一个开放的信

① 李智，刘萌雪.新媒体时代国际传播的社会化转型［J］.对外传播，2019（12）：43-44.
② 程曼丽.逆技术潮流与新媒体外交：大变局下国际传播的演进趋势与特征规律［J］.传媒观察，2022（9）：5-10.
③ 引自中共中央办公厅、国务院办公厅《关于加快推进媒体深度融合发展的意见》。

息体系的传播者和主导者。信息的传播不断糅合传播者的主观意念，使得信息不会按照既定的规则或者逻辑发展下去①，而是以某一关键词为中心触发话题的网络传播，从而形成了更具精准性的信息指向和更加显著的传播效果。由于信息的传播过程高度以"人"的参与为核心，这一高度整合的社会性传播行为也必然带来了世界用户呈现爆炸式增长的局面。其中，中国作为网民规模达 10.32 亿的互联网大国，信息交互与传播也最多，中国人成为整个世界上输出和交互视听传媒最活跃也最具潜力的信息传播群体。

（二）世界性传播媒介高速迭代，用户呈现爆炸式增长

从电影、电视广播的诞生之日起，视听传媒就在国家软实力竞争中扮演了至关重要的角色②。美国的好莱坞影业是其视听文化乃至国家文化软实力"霸权地位"的核心工具，在国际传播发展的早期就已经将其"自由""平等""民主"的概念远播海外。在更多学者看来，视听传媒的确是一个国家文化与价值观的载体，却绝不仅仅是政治历史发展史的旁观者，而是切实的记录者和潜在的塑造者。一个国家若想拥有能够令世人折服的软实力，就需要巧妙地运用这些文化工具输出意识形态。而这些视听语言"成为人们获得新思想、各种观点、对政府和社会的态度、各种标准、行为、道德、规范和文化的主要来源"③，这正与软实力含义中"塑造他人偏好"的手段不谋而合。从有线广播到超高清智能电视、从广播电台到网络视听……新中国成立 70 多年来，我国已经建成了全球规模最大、技术先进、覆盖面广的广播电视传输体系作为传统视听传媒国际传播的发展基础

---

① 北京大学新闻与传播学院课题组.新媒体时代：舆论引导的机遇和挑战［N］.光明日报，2012-03-27（15）.

② 常江.帝国的想象与建构：美国早期电影史［M］.北京：北京大学出版社，2011.

③ 刘恩东.好莱坞电影史中的价值观输出研究［J］.国际传播，2020（3）：25-35.

以及前驱。

而新媒体时代的视听传媒，综合其带有人际传播性质的高频率社交化互动、IP 来源的去中心化和海量信息的传播速率，更呈现出惊人的迭代发展趋势。21 世纪初期对于中国视听传媒来说是开创性的时代，新技术加持下的传统传媒产业通过优化组织结构以及丰富的内容形式和传播手段努力守住了传统媒体的阵地。与此同时，互联网平台则凭借技术和资本优势与实体经济相融合，在创新之路上不断前进。国家统计局公布的数据显示，2012—2021 年，中国 GDP 从 51.9 万亿元增长至 114.4 万亿元人民币，增幅达 120.4%。其中，分析 10 年来的《中国传媒产业发展报告》数据发现，中国传媒产业产值增长幅度达 214.9%，年均复合增长率 13.6%，远超 3% 的全球平均水平。此外，根据工业和信息化部的统计数据，中国数字经济规模从 2012 年的 11 万亿元增长至 2021 年的超 45 万亿元人民币，数字经济占国内生产总值比重由 21.6% 提升至 39.8%。可以说，在过去的 10 年里，作为数字经济中的重要组成部分，传媒数字经济在 5G 应用场景下经历了里程碑式的发展。

在视听传媒领域，短视频行业呈现爆发式增长态势。中国网络视听节目服务协会公布的数据显示，中国网络视听市场规模已经由 2013 年的 132 亿元人民币激增至 2018 年的 2016.8 亿元人民币，以及 2021 年的 6050 亿元人民币（包含泛网络视听产业）。短短几年时间，短视频平台的用户已覆盖近 9.62 亿人[①]。一方面，抖音、快手等短视频平台通过语言、画面、声音、流动、特效等一系列文化信息要素集成以及技术手段的包装，形成了高度综合化的海量创作作品。另一方面，平台的技术性以及个体终端的便捷性使得短视频制作和传播成本极低，且带有几乎绝对的自主性与创新性。

---

① 前瞻产业研究院 . 2022 年中国短视频行业发展现状及市场规模分析 短视频行业市场规模超高速增长［EB/OL］.（2022-12-05）. https://bg.qianzhan.com/report/detail/300/221205-fd4878b7.html.

在内容方面，极易引发人群社交传播的"主题·事件"式关注传播和自主传播，也带来了极高的传播速度与极大的传播频率。传播平台不断迭代、增值和扩容，也促使传播内容在呈现形态上、在影响力和信息的多次传播上，不断呈现出极易被复制、收藏、延伸和 IP 题材再创作的新形态。这使几乎每个参与其中的个体都可以成为一个视听传播的"主编"或"博主"，从而造就了大量的网红与大咖。在开放政策的指引下，视听传媒领域的内容产品从"野蛮生长"转向"精耕细作"，创造着国际传播的重要前提和独特价值。

三、国家文化软实力与视听传媒特性的内在契合

国家发展日新月异，当下，以视听形态为主的新媒体形态已经或正在成为跨文化、跨国别的全方位文化传播的主要渠道，更为世界传媒主流媒体所认可和依赖。有学者认为，视听新媒体的诞生与发展主要基于互联网技术的交互性和新媒体节目形态的变革而变得成熟完善并突出于传统广播电视节目[①]。在视听新媒体发展过程中，由于传播者与受众之间关系的变化、受众参与程度的增强、碎片化内容增加以及技术应用创新等因素，公民视频新闻、微电影、新媒体短剧等新媒体节目形态也随之产生[②]，使得当代视听传媒独具泛社交属性，在国家文化软实力国际传播过程中的作用更加巨大。

首先，新视听传媒所拥有的新型播出平台往往具有便携性、实时性、直接消费性等传播属性，推动众多移动终端实现了快速的数量增长和市场普及。这使得作为软实力载体的文化信息的传播更加没有障碍，更多吸纳受众评价和再创作再传播。

其次，随着各类相关技术的交叉与融合，媒体技术和信息技术整体呈

---

① 高红波. 视听新媒体节目的类型与特征［J］. 编辑之友，2013（9）：80-83.
② 席磊. 新媒体视听内容的类型研究刍议［J］. 商，2015（11）：199.

现出数字化、网络化、融合化的发展态势，客观为国家文化软实力的传播提供强劲的推动力。

最后，新型视听传媒所带来的"受众参与性传播"更加强调新媒体互动与参与的传播属性，将受众在信息传播中的地位变被动为主动。这种互联网的双向传播在给受众互动带来极大便利的同时，也成为国家文化软实力扩散影响的重要方式。

透过这些特性，人们会发现，国家文化软实力与新兴的视听传媒二者间的互相选用、作用，形成了各自伴生发展的强相关性。正是因为视听传媒可以具有跨文化、跨语言甚至跨越国别意识形态的传播特性以及生生不息的去中心化信息源机制，依据自身特性对其加以充分利用的国家文化软实力将得以最大化传播。

（一）内在必然性：能够契合视听传媒国际传播的中国文化软实力特性

中国国家文化软实力的传播有赖于一批新的视听传媒的国际传播展开，同样地，国家文化软实力也因其内在独特性为视听传媒提供了传播性强、高聚焦的文化主题素材。这包括以下几点。

极具故事性、深刻内涵的历史典故与叙述。中国传统文化的深厚底蕴带来具有无限延伸性和宏大叙事结构的无尽题材与故事架构。随着《西游记之大圣归来》《哪吒之魔童降世》等作品坐上内地动漫电影的头把交椅，更多的经典 IP 开始被重塑和赋能，引领无数中国古典名著、历史传说和人物形象的再创作，迎来了它们自问世以来的又一次传播巅峰。如果细思"国漫崛起"之路，我们会发现传统 IP 火了，却又似乎不是它们原来的样子：《西游记之大圣归来》影片中延续了反叛英雄的形象，并结合了"丧文化"；国风动漫《大鱼海棠》融入了《庄子·逍遥游》《山海经》《女娲补天》等多重元素；《哪吒之魔童降世》则对经典传说进行了颠覆性演绎，甚至将原有故事打破重组。这些能在国内火爆甚至走向海外的中国 IP 都有着共同的特点：经典的故事内核、传统中国元素的集成以及时代特征与精神的结合。正是因为经典 IP 所具有的历经千百年沧桑仍经得起推敲的故事框架、经典的人物形象，才为它们的再创作甚至海外传播奠定了深厚的基础。

极具人文色彩、带有情感温度的文化遗产。作为文明古国的中国，超大量的文化遗产通过跨国别、跨语言的人际交流过程中的比较、借鉴、吸收、融合作用，往往变得更加直观、便捷、生动而具有普适性。这里面不乏"中庸之道""仁、义、孝、道、天下"等历史理念传承，更有"为天地立心，为生民立命，为往圣继绝学，为万世开太平"的人文思想传递；有包括语言、文字、礼仪、服饰、建筑、工艺、美食等在内的灿烂文化传统，也有古籍、书法、绘画、雕塑、舞蹈、小说、诗歌、考古成果等精美艺术作品。

近年来，中国汉服的热度在国外居高不下，也曾多次被 *Women's Wear Daily*、《时尚芭莎》等世界级权威时尚媒体期刊提名。2020—2022 年，全球由汉服爱好者组成的汉服社区数量增长了 46%。Instagram（照片墙）上"汉服"话题相关内容迄今为止浏览量已达 49 亿次，TikTok 上标注着"汉服"的短视频播放量也超过了 3 亿次[①]。

话题度高、兼具全球视野的大型体育、文化活动。不论是 2008 年的北京奥运会还是 2022 年的北京冬季奥运会都以其无处不在的中国文化元素以及其展示出来的中华文化独特魅力，获得了国际社会的广泛关注。在中国福建省举办的第 44 届世界遗产大会更是开创性地让世界遗产议题首次被联合国教科文组织广泛地讨论，相关文章在海外媒体总阅读量近 1000 万人次，展现了中国在世界遗产保护领域的积极作为和大国担当。文化节目《典籍里的中国》聚焦《尚书》《楚辞》《史记》等文化典籍，通过影视、访

---

① 《2021—2022 中华文化国际传播十大案例》发布［EB/OL］.（2022-05-31）. https:// baijiahao.baidu.com/s?id=1734315524877538311&wfr=spider&for=pc.

谈等视听传媒流传海外，获得了世界的关注和媒体奖项^①。所有这些文化软实力都是通过国际间传播潜移默化地深入人心而发挥出树立大国形象的根本作用。

（二）国家文化软实力通过中国视听传媒实现国际传播的初步探索

传统媒体与新型视听媒体在技术上的碰撞融合、融媒体平台在海内外大肆兴起并成为中国视听传媒发展的参照坐标。国际上，受众巨大的Facebook（脸书）、Twitter等综合性社会化媒体以及层出不穷的新功能、特功能传媒平台，日益受到小群体特性受众的欢迎和接纳而成为主流。在中国，视听传媒正如浪潮般席卷冲刷着人们日常生活的每个侧面，新华社、《中国日报》、《人民日报》等主流媒体也积累了不少"走出去"的新经验。从一开始，这些媒体就在国内和国际上主要扮演着报道新闻和传播中国文化软实力的双重角色。例如作为中国最重要的官方新闻机构，新华社正在追赶世界一流媒体的水平——海外战略调整的 3 年里，新华社海外站点总数从 102 个增加至 120 余个^②。2010 年，新华社拥有超过 8 万付费机构用户，这为它带来了可观的收入来源。2015 年起，新华社开始在 YouTube（优兔）等国际知名社会化媒体开设官方账号"New China"以进一步开展新闻报道工作，全媒体账号总粉丝量超过 900 万。除此之外，新华社也特别关注发展中国家的人民福祉，因为这些国家也恰恰是西方媒体所忽视的，这将更加有助于实现向世界讲述中国故事的目标。

主流媒体之外，中国国内的其他社会化媒体也纷纷拓展其海外版图。

① 《典籍里的中国》"火"到海外 被网友称为"封神之作"［EB/OL］.（2021-05-07）. https://baijiahao.baidu.com/s?id=1699071575220632788&wfr=spider&for=pc.

② 本刊记者. 新华社北美总分社入驻时代广场 电话采访新华社北美总分社社长曾虎［J］. 中国传媒科技，2011（4）：70-73.

字节跳动异军突起,已悄然成为中国四大互联网巨头之一。在过去的 10 年中,字节跳动旗下传媒平台打开全球业务布局,通过建设海外版应用程序覆盖了西方主流发达国家市场并控股东南亚部分发展中国家的视听传媒公司。此外,小红书等处于第二阶梯的社会化媒介平台也在尝试"出海探索"。这个被称为"中国的 instagram"的应用程序聚焦于文化社区运营,尝试投放了 17600 条与"穿搭、美妆、美食、家居"相关、以视频为主的广告素材到境外市场,投放地主要集中在马来西亚、新加坡、中国香港、美国、中国台湾等华人聚集地区。综合来看,大量中国社会化媒体或传媒平台都或多或少地进军境外市场,其规模化发展的过程可以被总结为"产品全球化""运营本地化"的出海策略。这些初步的尝试与探索为中国文化软实力的国际传播打下了必要的基础。

(三)视听媒体传播中国文化软实力所产生的国际影响效果

新媒体时代,新的视听媒体凭借其独有的时代优势迅速、高效地传播中华文化传统理念,延伸中国文化软实力。通过被学界称为"第五媒介"的视听传媒平台,每个人都可以是优秀传统文化传播的主体,通过上传图文、视频,综合自己个性化的文化观点进行文化输出[①]。当然,这并不代表传统媒体失去了原有的生机。"央视频"带头的众多主流媒体也纷纷规模性地开辟新传播渠道:它们或自建视听传媒客户端,或纷纷进驻短视频平台,凭借着强大的网络传播力量彰显着传统媒体在新媒体领域的巨大张力。在新型视听媒体平台这个"客场"上,主流媒体反而不用顾及"官方属性",从而得以用更加生动、亲民化的形象出现在大众视野。中国的文化软实力素材由此得到跨人际、跨语种以及跨国界的传播和交流,产生了意想不到的效果。

---

① 杨红霞 . 新媒体时代下中华优秀传统文化传播的优化措施［J］. 黄河 . 黄土 . 黄种人,2021(11):16-17.

一方面，相比于传统媒体、官方媒体讲述中国故事较为生硬的叙事手段，新型视听媒体结合移动终端式的传播可以扩展消息流通渠道、扩大故事的覆盖面以促进中国文化输出转向"以柔克刚"[1]。另一方面，受到篇幅限制，传统媒体往往只能选择最具代表性、视角相对宏观的素材进行传播。这些素材可能是最精华、最有价值的内容，但并不具备流量优势。长此以往，这些媒体的宣传风格很容易给受众留下严肃、呆板的传统印象。与之相比，相对碎片化、分散化、生活化的新型视听媒体尝试通过精简凝练、直观明了的形式为受众提供更加具备流量优势的内容，更易为海外受众接受。通过碎片化展示将中国传统文化发散出去，通过见微知著的方式让中国经济的发展、中国文化的魅力以及中国社会的进步得到更加鲜活和生动的国际传播。以 2021 年火遍全球的"云南大象迁徙"事件为例，中国视听媒体就通过短视频、纪录片和慢直播等多种影像方式参与国际传播，参与报道的 3000 多家海内外媒体总计发布 67 万余条新闻内容，全网阅读量达到 110 多亿次[2]。此外，在同年 3 月三星堆考古出现重大发现时，中国各大传播媒体更是共同发力，让世界目光聚焦三星堆。三星堆国际传播平台"Sanxingdui Culture"也得以正式上线，并借助 Twitter、YouTube 等账号构成立体的国际传播体系，最终达到积累粉丝 6.5 万人、累计观看超过 1 亿次的佳绩[3]。与之类似的事件还在不断发生，无数的文化新闻以视频和直播形式在国内外进行多次传播和复制后，再次被翻译成各个国家的语言以新闻报道的方式传播海外，让中国文化的独特价值在国际传播的过程中得到

---

① 罗慧芳.新媒体时代加强国际传播能力建设的思考［J］.中国网信，2020（5）：64-67.

② 韩帅南.云南国际传播年度热词发布"云南大象"传至 190 余国家地区［EB/OL］.（2022-08-08）.https://baijiahao.baidu.com/s?id=1740601891791378167&wfr=spider&for=pc.

③ 唐飞.四川省文物考古研究院院长唐飞：三星堆考古的国际传播［EB/OL］.（2022-05-31）. https://sc.cri.cn/n/20220531/ba29b9b9-8bc1-31cc-a810-a51dc484ac30.html.

全方面的开发和记录。所有这些新技术、新融合、新变革、新效果都在证明和预示着在视听传媒发展日新月异的今天，中国故事的国际传播必须和新媒体的视听传媒密切结合、广泛结合、深入融合，才可能完成持续增强中国国家文化软实力影响传播的历史使命。

四、中国视听媒体对国家文化软实力国际传播的前景展望

在接受《环球人物》杂志的采访时，约瑟夫·奈曾经表示："中国的传统文化一向非常有吸引力，西方人长期以来一直受中国传统文化吸引，比如 19 世纪末的欧洲画家就受到中国画风的很大影响。中国古代的哲学家——老子、孔子早就在他们的著作里讲到软实力的概念，只是没有说出软实力这个名词。"① 尽管"软实力之父"认可了以传统文化为内核的中国文化软实力的崛起，但他同时也承认中国要想进一步扩展国家文化软实力和影响力，还有很长的路要走。面对现实，中国视听传媒应如何在与国际视听传媒平台的融合互动中给出自己的答案，从而实现中国文化形象的海外塑造则成为亟待探索的问题。

（一）中国国家文化软实力的国际传播历程艰难

中国国家文化软实力的国际传播历程并非没有阻力，面对以下几个方面的问题，我们应正视现实，努力寻求突破。

首先是国家文化软实力和影响力的客观水平与海外评价之间的不匹配。尽管中国在近些年尝试着适应大国角色，挑起大国担当，但这些努力似乎并未完全为世界所认可。即使在中国慷慨伸出援手的部分亚洲和拉美国

---

① 黄滢. 约瑟夫·奈：文化是中国最大的软实力［EB/OL］.（2014-01-05）.http://www.banyuetan.org/chcontent/sz/hqkd/201415/90168.shtml.

家，中国的国家形象也并未获得完全正面的认可。这其中离不开其他国家和政治势力对于中国崛起的反击、诋毁与压制，但也足以让我们警醒和反思。在一项针对中国形象及影响力的民意调查中，东北亚国家中 60% 的人认为中国是一个最有影响的国家，但仅有 35% 的人认为中国的影响是正面的 ①。如果说，前一个数据代表了中国综合国力的客观水平，那么后一个数据则说明了中国文化软实力在"辅佐"国家硬实力方面的不足。此外，尽管"一带一路"沿线国家对于中国印象总体较好，但还是成为某些国家口中的"债务陷阱"。对于这些负面的声音，远不是几个外交部发言人的批驳就可以解决问题的；更多据理力争的正面声音和鲜明生动的形象亟待以自信的态度创作与输出。而且，这种输出必须是海外受众可以听懂、习惯接受、可以认可的输出。这方面我们的公开研究显然还是远远不够的。

其次是方法及平台缺失导致国际话语权的渠道不畅与经验不足。这种不足来源于国家硬软实力之间的杠杆偏向。换句话说，在中国经济、军事等硬实力崛起的同时，我们却面临着文化输出动力不足、亟待技术创新和传播渠道不畅等多个方面的短板。由于缺乏文化软实力国际传播的柔性作用，中国的崛起被长时间主导世界舆论的西方国家视为一种"地位挑战"和"话语权冲击"，从而致使西方国家将中国视为"对手"。出于对"修昔底德陷阱"的顾虑，以美国为首的国家开始营造竞争与冲突的环境，从而导致中国的影响力渠道受阻，文化软实力输出"遇冷"的局面。面对这种境遇，贸然反击可能会适得其反。因此，我们不得不思考：如何出手才能解决当下的困境？文化输出的长远与近期目标应该如何设定？疏通传播渠道需在何处持续发力？进一步讲，一旦建立了特定的传播渠道，又该如何相应地提升国际话语权和全球公信力？这些问题的解决迫在眉睫。

最后是中国文化软实力输出的价值导向与视听传媒平台之间的对接障

---

① 刘康 . 变化中的中国全球形象［EB/OL］.（2016-12-28）.https://www.thepaper. cn/newsDetail_forward_1588948.

碍。有学者提出，一些中国传统文化过于"阳春白雪"，很难与当下流行的"快餐文化"完全契合。新型视听传媒平台大多依赖短小精悍的内容形式吸引受众的注意力，这样的传播手段诚然足够抓人眼球，却大有可能让人们的关注仅仅停留在审美表面，而失去了其背后的文化内涵。那么，新媒体时代的视听传媒平台是否能够有效传递文化的价值导向？在传统文化与视听传媒平台的对接过程中，语言又是否成为一个障碍？比如，在国内文化素材向海外传播的过程中势必要涉及语言的转换问题，但目前绝大多数的社交平台仅能实现简单的"双语对译"功能，"机翻"显然不能满足一些复杂内容的精准跨语言传递。问题进一步出现在如果翻译和转换的过程需要额外耗费成本，势必会对内容的传播质量和传播速率造成影响。这个时候，文化价值的输出与视听传媒平台之间的对接就成了解决问题的关键。

（二）前景·展望

　　大国崛起并非只在朝夕之间，实现国家文化软实力的国际传播更需要厚积薄发。在完成对现状的正确评估之后，我们应该思考如何才能从现实出发，合理利用手中资源创造一个值得期待的新型视听传媒框架下的国家文化软实力国际传播。

　　转变思维：加强对海外视听传媒、社交媒体研究的合理利用、吸纳与融合。他山之石，可以攻玉，要想实现对当下在世界上占主导性视听传媒平台的超越，必先从可利用、可融合吸纳的角度予以足够的理论研究重视和更加普遍化的实践尝试。在未来一段时间内，这也将是中国视听传媒国际传播的重要形态与途径。众多官方融媒体已经做出许多融合、吸纳和利用的尝试。如新华社在海外多个平台上以"New China"的形象、《人民日报》利用推特账号"PDChina"的身份"出海"，它们迅速凭借庞大的用户基础和快捷的传播速度每日发布大量热点新闻，内容覆盖全球。然而，在社交主权并不属于它们的"客场"平台，这些主流媒体融媒体尚显现出热度不够、互动较少的尴尬局面，因此尊重、研究并发现海外主流视听传媒的渠道特点、内容构成方式等，是所有从事视听传媒者必做的功课。这种积极尝试的过程本身就是具有绝对价值的。

进一步激发多元化、多角度的题材构思，实现文化软着陆。根据上文所说，中国已然具备丰富的软实力资源和深厚的历史文化素材。当下要做的是如何充分开发资源、提高文化普适性和世俗化，如此才能在国际传播中"润物细无声"。试想一下，如果所有这些涉及"中国故事"（中国国际文化软实力传播内容）的国际传播要素都能够以国家战略的水平层级加以梳理、规划，势必将极大地影响中国国家文化软实力国际传播的实际效果。在客观评价中国文化软实力的现状时，约瑟夫·奈曾提到，中国尚未完全发挥民间的力量，而他们正拥有着在国际舞台上展现中国的巨大潜能。这是一场从官方到民间都需要广泛参与的活动，只有充分发挥全体公民的价值，才能实现更大规模、更加有效的国际传播。

重构价值链条，注重共情和换位思考而非简单的方向内容输出。从国家战略层面出发，我们首先需要思考：什么是海外视听传媒受众习惯接受的内容题材？什么是海外受众习惯接受的语言风格和令人信服的叙事结构？什么是海外受众喜闻乐见的视听传媒表现方式？当得到确切的答案之后，如何将这些答案输出海外成了重中之重。除了拒绝外宣"样板化"和简单的"双语对译"之外，宣传内容的"情感价值"同样应该被放在国际传播的价值链条之中。中国观众和海外受众在某些领域具有相似的情感共鸣，这一点从 TikTok 海外的成功案例中可见一斑。这其中的关键在于"宣传"和"分享"的差别："宣传"往往是带有目的性的，"分享"则未必带有目的性，往往是出于"独乐乐不如众乐乐"的"快乐传递"性质。适当减少一些导向性、计划性明显的宣传，而是从中外情感相似点出发，从"分享"做起。这样不仅可以停止外国受众因主观认定的"对外拓展性"而产生先入为主的反感否定，还能进一步在海外逐渐产生内容上的情感共鸣和信任。

提升国内媒体国际竞争力，树立媒体全球公信力。一方面，如前文所述，当前国内主流媒体在海外社交平台"客场"的运营中存在或大或小的问题。另一方面，尽管百度、腾讯、字节跳动等视听传媒平台已经走向海外，有了一定的受众基础，但中国媒体距离构建一个中国特色的国际公信力体系还有很长的路要走。换句话说，现在的中国尚未出现一个能够与脸书、推特媲美，具有全球影响力的视听传媒平台。有学者提出，公信力不仅仅是媒介的一种属性，更多的是媒介与受众之间的一种关系[1]。只有打下良好的受众基础，构建融洽的媒体—受众关系，才能够进一步提高国际竞争力乃至全球公信力。这不仅需要抢抓舆论的"首因效应"[2]，获得报道"主动权"，更重要的是尊重观念"求同存异"，秉持新闻客观性和视角独特性。同时，要积极争取主流媒体和非主流媒体两手抓，努力建构国内媒体的国际品牌。

结　语

面对浩如烟海的中国国家文化软实力资源和日新月异的视听传媒传播形态的跨越迭代，我们需要做的事情还很多。在"人类命运共同体"叙事主题下，讲好中国故事，不仅是为中国，更是为世界；持续关注和研究视听传媒与中国国际文化软实力国际传播的关系与发展，是一个永无止境的过程，其中所涉及的政治、经济、文化与技术要素宏阔而细腻；我们需要不断保持敏锐触觉和发现眼光，在不断的探寻中创造出属于中国也属于全人类的文化成果与技术手段。本文提出，在国家军事、经济等硬实力日益

---

[1]　喻国明，靳一．大众媒介公信力测评研究［M］．北京：人民出版社，2006.
[2]　廖建国．中国媒体如何建构国际公信力体系［J］．新闻爱好者，2009（14）：35.

壮大的今天，国家文化软实力的作用不可小觑，甚至将成为新时代大国博弈的决定性因素。因此，本文从中国国家软实力的现状及特性出发，通过分析中国视听传媒和国家文化软实力的相互作用，论证了二者的内在契合关系。最后，本文进一步讨论了国家文化软实力国际传播所面临的现实阻力以及如何通过自我革新寻求突破并改变现状。经过多年的发展，中国国家软实力的发展已经有了不小的成就，但其在海外传播的影响力仍然不尽如人意。道阻且长，行则将至。对于当下的中国，题材创新、渠道创新等革新必不可少，提升国内视听媒体的国际竞争力和公信力更是迫在眉睫。国家文化软实力的国际传播势必将被人们在未来持续讨论和探究，而视听传媒与国家软实力的深切契合也一定会为中国综合国力的提升带来一个光明的未来。

专题二

马克思主义新闻观
与全媒体发展

全媒体背景下重大主题宣传实践创新

——基于 2022 年主流媒体短视频文本分析

程　瑶　宋赞翰

摘要：随着互联网的不断发展，传播业态迎来"全程、全息、全员、全效"共存的全媒体格局时代，主流媒体的宣传方式与舆论引导产生深刻变革。本文首先对全媒体时代公共舆论环境进行分析，以抖音等短视频平台为研究场域，分析主流媒体"奋进新征程 建功新时代""建团百年""二十大"等重大主题宣传活动，探究正能量传播规律与创新路径，发现主流媒体应联系新时代理论逻辑、历史逻辑与现实逻辑，结合智能媒体技术传播手段，加快从"正面宣传报道为能力结构主体"向"正面宣传能力＋危机沟通能力协调发展"的新型主流媒体转变的步伐，强化线上线下同心圆价值目标实现路径。在全媒体时代下建立多位一体的内容宣传和引导格局，才能有效凝聚受众意识，巩固主旋律价值观。

关键词：全媒体时代；重大主题宣传；短视频文本

在以音视频为主的沉浸式交互式文本成为受众接收内容重要载体的今天，网络舆情信息量呈现海量化趋势，发酵和传播速度实现空前网格化模式，易被年轻网民贸然接受和二次传播，带来舆情管理挑战，同时也给主流媒体的重大主题宣传活动带来一定难度。当前正值中国共产党第二十次全国代表大会（简称"二十大"）成功召开之际，在进入全面建设社会主义现代化国家、向第二个百年奋斗目标进军新征程的重要时刻，主流媒体如何把握好"统一思想、凝聚力量"的价值目标，在新的舆论环境下做好重大主题宣传和报道，实现"大流量＋正能量"传播效果最大化，是值得探究的重要课题。

一、主流媒体重大主题宣传的现实困境

（一）传播语境的革新，主流媒体舆论场变化

数字化的迅猛发展导致传播格局和舆论生态产生了深刻变化。全方位的个性化、交互性、超时空性是新媒体传播的明显特征，在新的传播语境下，传统主流媒体为主导的舆论格局被打破①，主流媒体对信息传播内容的把关和传播权力让渡。所以，新媒体技术的发展和公众的广泛参与，造就了主流媒体与自媒体两个舆论场的摩擦和碰撞。

网络技术和数字化技术赋权自媒体的内容传播打破时空限制，在"人人都有麦克风"的传播环境里，新媒体社交平台所提供的传播自由和言论自由，虽然在很大程度上增强了公众参与社会治理的能力，但同时也消解了主流媒体的舆论控制能力。传播语境的革新引发的主流媒体舆论引导工作的挑战主要集中于两方面。其一是主流媒体舆论场的线性传播模式导致其传播呈现出弱化的现象。主流媒体的引导力和公信力弱化，自媒体营造出来的舆论场则呈现出"讨论话题多元、互动交流便捷、自由平等对

① 李宗建，程竹汝．新媒体时代舆论引导的挑战与对策［J］．上海行政学院学报，2016，17（5）：76-85.

话、聚集民意快速、传播影响力大"等特征[①]，显然，自媒体舆论场带给公众的信息广度越来越深刻。其二是自媒体舆论场相较于主流媒体舆论场对社会公众有着更强的影响力。新媒体时代不再是主流媒体单向性的传播模式，受众既是接收者也是传播者，这种双向通道的传播方式使传播者和受众互为主客体，且拥有更强大的生产、传播能力，导致信息流多元呈现。

（二）传播内容同质化，受众接受程度分层化

内容同质化是主流媒体传播中较为普遍的现象，这也影响着受众的接受效果。据中国互联网络信息中心发布的第 50 次《中国互联网络发展状况统计报告》显示，截至 2022 年 6 月，我国网民规模达 10.51 亿，互联网普及率达 74.4%，其中短视频用户规模达 9.62 亿，占网民整体的 91.5%。[②] 可见，网络短视频已成为公众的"日常语言"，演变为接收信息的主要载体形式。但目前主流媒体短视频内容的同质化现象凸显，与用户需求相悖。主流媒体的短视频传播内容同质化主要表现为模仿痕迹过重、优质内容欠缺、创新性不够、视频创作较为普通、供不对需等表现。通过对主流媒体重大主题宣传在短视频平台的短视频内容进行分析，发现其依然存在沿袭传统处理手段的情况，多为无差别的内容搬运，缺乏创新性，没有注意到不同年龄和地域受众的接受差异性等，千篇一律的内容使受众产生厌倦抵触情绪，难以引起共鸣，影响传播效率。

如"人民日报"抖音号，定位是集政务和民生新闻于一体的主流媒体短视频账号，但大多数视频为新闻信息的直接发布，采用主持人口播或图

---

①　兰全杰."两个舆论场"视角下网络群体性事件应对策略研究［D］.泉州：华侨大学，2017.

②　中国互联网络信息中心.第 50 次《中国互联网络发展状况统计报告》［EB/OL］.（2022-08-31）［2022-12-07］.http://www.cnnic.net.cn/n4/2022/0914/c88-10226.html.

文形式，虽然权威性的文字能够在关注国家大事的中老年群体中被广泛接受和理解，却忽视了以碎片化、娱乐化为主的青年群体的注意力特点。同时，在内容制作方面也避免不了"二次加工"，直接将收集到的素材进行剪辑创作，没有创新的表达方式，缺乏独家、有创意、吸引受众的作品，导致新闻时效性滞后，没有发挥自身专业性，降低了用户的黏性。

（三）传播选题固定化，形式老套而缺乏创新

主流媒体在进行重大主题宣传中"个性"导向模糊，缺乏差异化、个性化的选题，难以受到受众的青睐，选题表达形式老套且雷同固定，传播效果必然陷入窘境。

短视频传播形式具有短平快的特征，只有具备创新性和记忆点的内容才能在短时间内吸引受众注意。在充斥着海量信息的社交网络平台，面对受众有限的时间和注意力，主流媒体传播内容的专业性和导向性如何有效平衡，是一个现实存在的难题。热点新闻、趣闻逸事往往能够首先引起受众的关注，如抖音等平台会以视频的完播率、受众的赞评收藏情况来决定后续推荐量，自媒体发布的泛娱乐性内容更易在多元讨论中得到更多曝光。而主流媒体的重大宣传活动则是以重点事件、重大节日为主，内容主题的限定，受众的观看、互动行为，以及平台的特有推荐机制，都对主流媒体创作形式、呈现角度提出了更高的要求。所以，新媒体时代短视频传播的"娱乐先行"给主流媒体重大主题宣传带来一定挑战。

二、主流媒体重大主题宣传短视频话语实践

（一）样本选取

在网络技术与新媒体环境催生的短视频时代，抖音成为继网站、微信、

微博之后的政务机构开展工作的新平台，为政务传播提供了互联网视觉化新型传播模式。据字节跳动官方发布会显示，截止到 2022 年 10 月，抖音用户数量已达 8.09 亿左右，国内 DAU（日常活跃人数）超过 7 亿，每日视频搜索量突破 9.8 亿次。可见，目前抖音是用户规模最大、黏性最强的短视频社交平台。

因此，本文以抖音短视频平台为研究场域，综合考察粉丝数量、平均赞藏量、传播力等影响因素，选取了最具代表性的五个主流媒体账号进行考察，分别是"中国青年报""人民日报""中国新闻社""中国日报""央视新闻"，围绕 2022 年国家推出的全网重大主题宣传，选取"奋进新征程 建功新时代""建团百年""二十大""我们的新时代""奋斗者 正青春""非凡十年"等六项报道活动，结合新媒体专业数据分析平台"蝉妈妈"，对账号数据及内容分析（截止到 2022 年 12 月 3 日）整理如下（表1、表 2）：

表 1　主流媒体样本数据情况

抖音号	粉丝数	获赞数	作品总数	重大主题相关视频数量					
				奋进新征程 建功新时代	建团百年	二十大	我们的新时代	奋斗者正青春	非凡十年
中国青年报	2997.8 万	21.7 亿	5888 个	100 个	34 个	16 个	100 个	17 个	20 个
人民日报	1.6 亿	104.4 亿	4078 个	100 个	36 个	28 个	18 个	1 个	20 个
中国新闻社	497.2 万	4923.1 万	3486 个	100 个	24 个	41 个	41 个	2 个	56 个
中国日报	3711.3 万	15.8 亿	1 万个	100 个	10 个	61 个	17 个	3 个	49 个
央视新闻	1.5 亿	74.2 亿	7087 个	100 个	71 个	35 个	42 个	4 个	35 个

表2　视频样本中点赞量最高的内容

	中国青年报	人民日报	中国新闻社	中国日报	央视新闻
奋进新征程建功新时代	海拔4200米，侦察兵应用射击高燃现场。（时长17秒，点赞2270万）	十年前，习近平总书记首提"中国梦"。十年笃行，一路向前。（时长1分47秒，点赞108.9万）	"神舟十五号"发射成功。（时长14秒，点赞2.3万）	"万吨大驱"上新，延安舰训练画面公开！（时长10秒，点赞2.6万）	海上"升明月"，"长征十一号"海射运载火箭纯享版来了！（时长33秒，点赞15.3万）
建团百年	微电影《号声嘹亮》，致敬最可爱的人！（时长14分3秒，点赞4.0万）	庆祝中国共青团成立100周年大会预告！（时长1分21秒，点赞424.8万）	《100年，正青春！》用100秒看共青团百年征程。（时长100秒，点赞9.8万）	《无画不谈》动画：共青团百年华诞，中国青年砥砺前行！（时长3分7秒，点赞841）	建团百年主题微电影《以青春之我》穿越百年，青春不朽！（时长3分34秒，点赞33.5万）
二十大	二十大代表高溥宇：绽放云端的"雷霆玫瑰"。（时长29秒，点赞92.8万）	党的二十大报告学习手账。（15张图文，点赞257.4万）	二十大开幕，各地民众如何看？（时长32秒，点赞2.8万）	二十大双语科普系列短视频。（共13集）	从1到9，一起学习党的二十大报告中的关键论述。（9张图文，点赞58万）
我们的新时代	五四青年节特别短片《中国青年一路向前》。（时长2分11秒，点赞31.5万）	五四青年节习近平总书记的讲话内容。（时长35秒，点赞328.5万）	习近平：我们完全有信心有能力，在新征程创造令世人刮目相看的新的更大奇迹。（时长32秒，点赞2926）	总书记讲话：新时代的中国青年，生逢其时，重任在肩。（时长33秒，点赞6348）	苏翊鸣首次公开演讲，来听听他的"开挂人生"！（时长36秒，点赞8.1万）

续表

	中国青年报	人民日报	中国新闻社	中国日报	央视新闻
奋斗者正青春	共青团成立百年《奋斗者正青春》短片发布。（时长 3 分 18 秒，点赞 11.0 万）	戍边战士的铿锵誓言。（时长 34 秒，点赞 7144 万）	21 金！中国工匠闪耀世界技能大赛图文。（图文形式，点赞 21.5 万）	【奋斗者 正当红】青春献礼二十大短片。（时长 1 分 10 秒，点赞 2144）	五四青年节点赞中国的"青年英雄"。（时长 1 分 52 秒，点赞 217.4 万）
非凡十年	党的二十大召开之际《非凡十年》高燃短片发布！（时长 2 分 13 秒，点赞 4378）	中国跨度！"我们这十年"主题宣传片发布。（时长 2 分 42 秒，点赞 84.6 万）	孟艳：从舞者到大型活动导演的非凡十年。（时长 48 秒，点赞 6678）	这些"大国重器"，突飞猛进！（绘画形式 2 分 6 秒，点赞 7827）	十年磨一剑！刘洋谈十年后再出征：把祖国的荣耀写满太空！（时长 2 分 40 秒，点赞 25.6 万）

（二）描述性分析

短视频的文本内容不仅包括文字、语音，还涵盖声音、视觉语言，在主流媒体的重大主题宣传中，还应考察传播形式呈现和效果反馈。点赞是受众表达认可的最直观方式，因此从样本中选取点赞量最高的内容进行分析，研究结果具有一定代表性。同时，本文基于 H. 拉斯维尔的"5W 模式"和郭庆光提出的传播五要素理论，考察主流媒体抖音账号内容传播在社会中的结构与功能，以下主要从内容生产、叙事传播、效果纬度三个层面讨论主流媒体重大主题宣传短视频话语实践。

1. 内容生产：内容形式的创新

主流媒体在媒介资源和生产技术上具有天然优势，在重大主题活动的网络宣传尤其是在短视频实践中，主流媒体充分发挥了 VR、AR、4K 超高清、AI 主播等数字化技术，将身处各地的观众聚集在线上同一时空中，营造身体在场的陪伴感，大大提升了主流媒体重大主题宣传的感染力。如

"央视新闻"推出的《海上"升明月","长征十一号"海射运载火箭纯享版来了！》短视频现场录制 4K 高清画面，后期无剪辑配音，带领观众沉浸式感受我国航天事业的发展；"中国青年报"发布的《海拔 4200 米，侦察兵应用射击高燃现场》，17 秒短视频无字幕和旁白，带领观众"裸眼 3D"感受中国震撼世界的创新发展成就；"中国新闻社"推出 AI 主持人讲述二十大要点、"北京青年报"联合共青团北京市委员会推出《京小团带你穿越百年》短视频，以北京共青团 IP 形象"京小团"的视角，通过重点回顾百年来北京青运史上 20 个里程碑事件，展现一代代北京青年勇立潮头、紧跟党走的精神风貌……

在移动互联网社会思潮多元分散的今天，借助新媒体作品吸引青年群体的注意力、凝聚青年群体共识，是主流媒体提升重大主题报道传播效果的重要任务，如"中国日报"推出"无画不谈"系列动画短片《共青团百年华诞，中国青年砥砺前行！》，用动画形式生动形象地展示共青团百年奋进历史；"中国青年报"多次采用微电影的剧情叙事，推出《号声嘹亮》《中国青年 一路向前》《奋斗者 正青春》《非凡十年》等作品，用少年队员、著名演员、各行各业民众的视角讲述历史和当下，用一帧帧热血画面回答这一代年轻人的时代使命。作品不仅在抖音传播，更是在视频号、微博、B站等新媒体平台同步推出，实现了全渠道、裂变式传播，形成规模效应。

2. 叙事传播：叙事角度的革新

传统意义上的重大主题宣传主要依靠国家层面的宏观叙事，一般联系宏大的社会实践来传递国家政策或理念。在新媒体时代受众碎片化阅读习惯的现实驱使下，主流媒体正积极转变宣传作品的叙事角度，结合地方性、平民化、领域化的语境书写，通过具体的人物故事向公众展示国家话语践行和成效。

如"中国青年报"以二十大代表"高溥宇"的口吻讲述新时代的航天力量，推出《二十大代表高溥宇：绽放云端的"雷霆玫瑰"》短视频，空军航空飞行队副大队长作为女性代表叙事宣传，更具亲和力、接近性；"中国新闻社"推出的《二十大开幕，各地民众如何看？》，用采访形式从各行业各身份的民众角度进行复合型叙事，充分展现党和国家的实践结果；"中国新闻社"推出的《孟艳：从舞者到大型活动导演的非凡十年》，以舞蹈家孟艳的视角讲述"她"的十年，也是有关国家发展、奥运事业的十年；《21金！中国工匠闪耀世界技能大赛》用图文形式呈现青年工匠的辛勤付出和传承精神……"中国新闻社"的诸多尝试，无论是从平凡人视角还是名人、英雄视角，都充分展现了个人与国家、社会与国家的共同发展，为不同语境中的观众提供了接收空间，在心理、情感层面维护了国家层面重大主题话语建构的合理性。

3. 效果纬度：视听符号的重构

主流媒体短视频的视听表征与传播效果有着重要关联，相较于传统新闻报纸、客户端，短视频的传播更贴近于人民大众，受众面囊括各年龄阶段的网民，所以主流媒体也在试图寻求大众文化与亚文化的融合表达。在2022年的重大主题宣传中，已然呈现出亚文化、地域文化、民族文化的多重融合，主流媒体在进行"奋斗者 正青春""我们的新时代"等主题宣传时，合理运用了跨文化的"网感"表达形式，完成对主流文化的再语境化，消解年轻受众对国家话语的严肃、说教的刻板印象。

如"中国青年报"推出的五四青年节特别短片《中国青年 一路向前》，就结合当下网络流行语"躺平""佛系"，从时代挑战出发回答这一代年轻人应该如何去做的问题；建团百年《奋斗者 正青春》短片中演员王劲松谈青春百种模样；微电影《号声嘹亮》中通过小孩（少先队员）与老人（党员战士）的暖心故事，用"号角"这一意象隐喻红色精神的传承；如"人民日报"发布的《党的二十大报告学习手账》，用15张图文展示二十大报告的重点内容，用年轻人喜闻乐见的形式进行多样化宣传，便于观看和记忆。将国家话语置于新时代的具体语境中进行有效的符号重构，能够塑造网络大众的时代认同感，从而传递好、宣传好重大主题活动。

三、全媒体背景下重大主题宣传的创新路径

（一）守正创新，发挥联动性

当下，传统媒体虽然有了长足的发展，在其表现形式上都有了明显的进步与创新，但传统媒体相较于新媒体的发展优势是远远不够的，所以要做好传统媒体与新媒体之间的融合、再造与创新。在互联网技术的推动之下，传统媒体与新媒体之间的融合催生了新样态，即主流媒体的短视频传播形态。习近平总书记曾指出："推动传统媒体和新兴媒体融合发展，要遵循新闻传播规律和新兴媒体发展规律，强化互联网思维，坚持传统媒体和新兴媒体优势互补、一体发展，坚持先进技术为支撑、内容建设为根本，推动传统媒体和新兴媒体在内容、渠道、平台、经营、管理等方面的深度融合，着力打造一批形态多样、手段先进、具有竞争力的新型主流媒体，建成几家拥有强大实力和传播力、公信力、影响力的新型媒体集团，形成立体多样、融合发展的现代传播体系。"[①] 所以在坚守传统主流媒体阵地的同时，要发挥新媒体的优势，两者的融合使得重大主题宣传实现有效传播。

在新媒体时代，受众的身份转变为用户，而用户既是信息的收受者也可以是信息的发布者，受众的定位也开始从传播的末端转变为前端。受众的身份转变极为重要，双向传播可以使得受众的个性化需求充分显现，通过大数据的精准定位，分众化传播显得更为高效，也是信息传播效果提升的重要路径之一，发挥主流媒体引导、自媒体规范的双效作用，进而达到精准传播、全面覆盖，同时坚守传统媒体的专业性，融合并挖掘新媒体的

---

① 推动主流媒体在融合发展之路上走稳走快走好［EB/OL］.（2014-08-21）［2022-12-07］.http://news.cntv.cn/2014/08/21/ARTI1408608240048437.shtml.

优势，联动二者使主流媒体重大主题宣传内容更具影响力。

（二）全媒齐动，提升专业性

在媒体融合发展进程中，传播形态经过了许多变革与转型。媒体融合不是用网络新媒体、移动自媒体取代传统的广播电视媒体，而是让多种媒体优势互补，为我所用、同步发力。[①] 即媒体融合并不是简单地将多种媒体形式融合在一起，而是将各个媒体的优势进行有机结合。短视频在各大媒体平台上能够顺利切入，必然成为全媒体发展的一个重要方向。习近平总书记指出，"推动媒体融合发展，要坚持一体化发展方向，通过流程优化、平台再造，实现各种媒介资源、生产要素有效整合，实现信息内容、技术应用、平台终端、管理手段共融互通，催化融合质变，放大一体效能，打造一批具有强大影响力、竞争力的新型主流媒体"。所以，主流媒体的重大主题宣传要符合融媒体以及全媒体的发展方向，进而对短视频受众做到有效传播。

以"奋进新征程 建功新时代""建团百年""二十大""我们的新时代""奋斗者 正青春""非凡十年"等为内容的主流媒体重大主题宣传短视频，一经发布就获得了强烈的反响，特别是"人民日报"抖音号，其短视频的点赞量几乎都超过了百万。围绕这些重大主题，主流媒体通过短视频的形式在抖音平台进行投放，形成中央媒体联动互联网新媒体平台的全媒体传播体系，传播广泛性不言而喻。针对"建团百年"的宣传，主流媒体更多的是运用故事化、年轻化的叙事方法，在抖音短视频平台上投放短视频作品，如"中国青年报"在建团百年阶段投放的微电影《号声嘹亮》，通过讲述少先队员与党员战士之间的故事，并且用"号角"这一意象来隐喻红色精神的传承，树立崇尚英雄、缅怀先烈的良好风尚，对凝聚民族力量

---

① 沈正赋.论新闻舆论"四力"发展的动力建构［J］.现代传播（中国传媒大学学报），2022，44（1）：9-18.

和实现中华民族伟大复兴的中国梦都具有重要的现实意义。可见，以讲好时代故事为前提的短视频文本能够激发有效互动，引发受众的家国共情，所以主流媒体在提升制播专业性的同时，更应注重人文情怀的价值体现。

（三）全民联动，强化多维性

在新媒体时代信息交互性充分显现的当下，受众的有效参与和互动也是主流媒体提升宣传效果的一个重要途径，所以主流媒体需要强化线上线下的多维度铺设，进而形成全民联动的状态。全媒体所呈现出来的多元化宣传形式是多元化的传播媒介和不断迭代更新的数字技术所形成的，主流媒体可通过各种新媒体平台，为受众参与新闻舆论提供更加便捷畅通的渠道，把"媒体想讲的"转化为"受众想听的"，把"受众想说的"融入"媒体所讲的"。[①] 短视频的精细化呈现，不仅全方位传递和展示了在新时代下的中国形象，还诠释了美好且为大众所期待的中国故事，受众积极主动的参与对其所产生的情感连接是自主的，而非强加的，这更容易引起受众的情感认同以及文化认同。

主流媒体的重大主题宣传在保留传统的模式化宣传之外，创新其表达形式，用年轻人更加喜欢的形式来进行创作，能够消解受众对于主流媒体的刻板印象，也使受众对主流媒体建立新的认识，拉近与受众之间的关系，从而打破高低语境的传播壁垒。如在"我们的新时代"重大主题宣传当中，"央视新闻"抖音号发布的《苏翊鸣首次公开演讲，来听听他的"开挂人生"！》；在"奋斗者 正青春"重大主题宣传当中，"人民日报"抖音号发布的《戍边战士的铿锵誓言》，"央视新闻"抖音号发布的《五四青年节点赞中国的"青年英雄"》；在"非凡十年"重大主题宣传当中，"中国新闻社"抖音号发布的《孟艳：从舞者到大型活动导演的非凡十年》等，这些

---

① 许向东，吴洁. 提升主流媒体新闻舆论"四力"［N］. 中国社会科学报，2022-06-09（3）.

主流媒体的重大主题短视频改变了以往的传统模式化的宣传方式，紧跟时代潮流，去讲述那些受众所追捧的事迹，有效引发了受众主动关注、参与转发，使主流媒体的重大主题宣传呈现多维性。

结　语

在互联网时代，移动通信技术与数字技术飞速发展，信息传播不仅是官方主流媒体的特权，更是网络意见领袖与自媒体共同的"秀场"，媒介成为各网络节点建构联系的重要平台。社交网络充斥着海量多元化、泛娱乐化信息，全媒体给主流媒体舆论引导带来挑战，主流媒体也抓住了新传播语境下的契机，并做出诸多创新实践，尤其是在重大主题活动宣传中各展风采，并取得一定成效。未来主流媒体更应联系社会实际需求，紧跟潮流，加快新型主流媒体建设的步伐，重视网络宣传和实践落实双管齐下，强化主流思想意识凝聚。

新主流电影的嬗变及主题话语

——基于 Python 的豆瓣影视短评数据分析

焦思雨　张一潇　陈一海　禹建强

摘要：电影作为承载中国梦想、树立文化自信的重要载体，以丰富生动的内容与形式传达主流意识形态与观念价值。本文使用 Python 工具对新主流电影的豆瓣评论文本抓取并处理分析，从高频词和 LDA 主题话语分析中挖掘当下新主流电影的特征体系与话语模式。反映出当下新主流电影"以人民为中心"的革命历史、守正创新的创作理念、水平提升的叙事风格等特征，在多维层面上正满足着观众对中国电影的期待。

关键词：新主流电影；发展嬗变；LDA 主题话语

引　言

电影作为承载中国梦想、树立文化自信的重要载体，始终在以丰富生动的内容与形式传达着主流意识形态与观念价值。新时期以来，电影界大体上将国内电影分为三类，即主旋律电影、商业电影和艺术电影[①]。其中，

[①]　高桐.新主流电影"四性一脉"的公共意识［J］.文艺争鸣，2019（12）：180-187.

主旋律电影以紧跟社会主义的时代潮流，弘扬爱国精神和民族文化，反映现实、基调向上的电影作品为创作任务，而这种以目的为导向的电影创作在一定程度上导致了意识形态与商业性的分离，使部分主旋律电影不可避免地陷入严肃、刻板、单调的困境。新主流电影则一改主旋律电影机械的故事剧情与单向度的人物形象，集商业性、艺术性为一体，在尊重历史的前提下增强戏剧性，提高影像的表现力。从效果来看，2019 年的《流浪地球》、2020 年的《八佰》、2021 年的《长津湖》等电影接连创下票房纪录，赢得了观众的喜爱。

主旋律电影与新主流电影的价值内核是相同的，即抒发爱国情感，表现集体主义与家国认同，其转变之处在于容纳主旨的电影题材。在制作上，创作团队通过商业电影的叙述逻辑建构影片的人物形象与故事情节，让影片以大众喜闻乐见的方式呈现，吸引观众观看。

豆瓣平台是国内电影推荐、评论用户数量最广的社交平台，月活跃用户数达 1000 万，平台内海量的电影短评既体现了评论者之间多元的价值观互动，也体现了大众对新主流电影的社会共识。通过对获赞量最高的评语进行分析，能了解观众观影体验的反馈，从而探究新主流电影打动观众、吸引观众的地方。

一、新主流电影的发展嬗变与研究现状

新主流电影是由传统主旋律电影的美学升级进化而来，注重电影主题与民族情感相匹配，延续了主旋律电影所倡导的主流价值观，而且能够被大众所认可并共享。自新主流电影概念提出以后，学界对于新主流电影概念有着诸多的讨论。新主流电影的概念随着时代的发展呈现出动态的体系变化，在创作层面上也出现了相应的变化。

（一）新主流电影的发展嬗变

主流电影，过去称为主旋律电影，是我国电影中起主导作用的类型，是国产电影的主干。1987 年 3 月在北京召开的全国故事片创作会议上，电影局首次提出"突出主旋律，坚持多样化"的口号。1996 年 10 月 10 日，中共中央十四届六中全会通过了《中共中央关于加强社会主义精神文明建设若干重要问题的决议》之后，"弘扬主旋律，提倡多样化"作为指导思想开始在电影领域得到贯彻。"歌颂党、歌颂祖国、歌颂英雄模范"成为题材导向，"社会主义、集体主义、英雄主义"成为主题导向，"题材＋主题"的先行要求，构成了主旋律电影鲜明的政治教育功能，从而使主旋律电影从一开始就打上了作为精神文明建设工程的宣传烙印。

然而，长期以来由于种种因素，不少主流电影大多只注重影片的政治宣传效果，内容枯燥，缺少吸引观众的感染力。马潇认为，"创作意图囿于主流话语，生产发行受制经营体制，使得主旋律影片即使在权威强力扶持下也只能勉强保持一种表面的风光和繁荣"[①]。王冀邢执导的《焦裕禄》（1990）、陈国星执导的《孔繁森》（1996）、谢晋执导的《鸦片战争》（1997）可以视作这一时期主流电影的代表。王乃华在《新主流电影：缝合机制与意识言说》一文中认为，主旋律电影在向新主流电影的演进中，常采用伦理化叙事、平民化视角、民族主义、类型化叙事策略作为缝合机制。[②]伦理化叙事多用于英模片或伟人传记片，早在 20 世纪 90 年代即已被采用，如《焦裕禄》《孔繁森》等，采用道德理论化策略，将主人公表现为与观众一样有血有肉、有着七情六欲的人，以实现观众的认同；另一个重

---

① 马潇.主旋律电影的"今世前生"：简论改革开放以来主旋律电影的流变 [J]. 当代文坛，2011（1）：112-115.

② 王乃华.新主流电影：缝合机制与意识言说 [J].当代电影，2007（6）：138-139.

要策略就是使用平民化视角去表现传统中需要仰视的正面主人公或者还原普通人的心态，从人性的角度展示平民英雄。如《我的法兰西岁月》，用平视的视角从普通人的观点来"看"当年邓小平在法国勤工俭学的艰苦生活。民族主义也是用以实现观众情感认同的重要策略，如《鸦片战争》《横空出世》《我的1919》等；类型化叙事策略是新主流电影的一个越发明显而重要的倾向，早在20世纪90年代，《龙年警官》《烈火金钢》《东归英雄传》《红河谷》《红色恋人》《紧急迫降》等就试图与枪战片、马上动作片、西部片、言情片、战争片、灾难片等类型结合。

（二）新主流电影研究现状

1999年，上海电影制片厂针对国产电影的困境，组织了一场"关于组织青年导演研究电影未来发展趋势"的专题研究论坛，论坛中有青年电影人提出了"新主流电影"这一主张。会后青年电影人马宁在《当代电影》上发表了两篇文章——《新主流电影：对国产电影的一个建议》以及《2000年：新主流电影真正的起点》，详细论述了新主流电影，他认为新主流电影首先应该"注重研究电影的想象力与观众接受程度的关系"，其次"成本在150万—300万元人民币"，简言之，即"有创新的低成本商业电影"。[1][2]

自"新主流电影"概念提出以后，引发了学界的诸多讨论。"新主流电影"的概念也随着时代的变化呈现出动态的变化。在全球化语境下，资本的大量投入、频繁的国际和地区间合作，使得新主流电影不再局限于低成本制作模式，而是更偏向于符合国家核心价值观体系、实现艺术性与思想性高度统一的电影形态。就意识形态而言，新主流电影与各时期的主流电影形态一脉相承，承受着政治与弘扬国家主流文化的重要使命，是国家主流思想价值体系的艺术化表述。有学者认为"新主流电影"就是"主旋

---

①　马宁. 2000年：新主流电影真正的起点［J］. 当代电影，2000（1）：16-18.

②　马宁. 新主流电影：对国产电影的一个建议［J］. 当代电影，1999（4）：4-16.

律电影"，葛慎海曾明确提出："新主流电影指的是主旋律电影，社会主义核心价值观是新主流电影的价值内核。"① 饶曙光认为："'新主流电影'是主旋律电影主流意识形态和大众、市民文化话语相结合的产物。"② 刘福泉、赵雅馨在文章中提到"新主流电影作为动态化的电影形态，以社会主义核心价值观为内核，表现爱国主义情怀，但区分于传统主旋律电影，将商业属性融入其中，从而兼具艺术性、政治性与思想性"。③ 尹鸿、梁君健在《新主流电影论：主流价值与主流市场的合流》一文中，针对新主流电影之"新"做了解释："新既不同于教化功能过于明显和外在的主旋律电影，也不同于商业功能至上甚至唯一的主流商业电影。其核心特点必须是被主流市场所接受、所认可、所欢迎的大众电影，但同时又鲜明地体现了'富强、民主、文明、和谐、自由、平等、公正、法治、爱国、敬业、诚信、友善'的主流价值观的电影。新主流，要完成主流价值观与主流市场的统一，是价值观与商业性的融合。"④ 简言之，尹鸿、梁君健依旧是在主流价值观的基础上阐释"新主流电影"中"新"的概念，但开创性地关注了市场的重要性。

二、研究方法

本文以 Python 为分析工具，选取 2019 年至 2021 年 17 部票房破亿的新主流电影作为研究对象，以豆瓣平台的用户短评作为研究文本，使用

① 葛慎海.国产新主流电影的核心价值表达［J］.电影文学，2016（18）：4-6.
② 饶曙光.主流电影体系建构与中国电影可持续发展［J］.电影新作，2013（1）：4-10，34.
③ 刘福泉，赵雅馨.新主流电影《攀登者》的国家叙事表达［J］.电影新作，2019（6）：26-29，32.
④ 尹鸿，梁君健.新主流电影论：主流价值与主流市场的合流［J］.现代传播（中国传媒大学学报），2018，40（7）：82-87.

Beautiful Soup 库进行文本的爬取工作，每部影片爬取豆瓣短评 25 页共 500 条，而后对文本进行词频分析、词云图绘制和 LDA 主题分析等步骤，揭示新主流电影体现的主旋律价值观以及电影呈现特征。

（一）电影样本选取

新主流电影的特征是既具有主旋律电影的价值表达，同时也具有商业电影、艺术电影特点。[①] 在商业性的筛选上，本文以票房过亿为筛选标准，以电影的题材、主旨是否追求家国认同、是否反映爱国情怀为表达主旋律价值的筛选标准，对 2019—2021 年院线电影进行筛选，得到电影 17 部，其中 2019 年 5 部、2020 年 6 部、2021 年 6 部，具体如表 1 所示。

表 1　2019—2021 年票房破亿的新主流电影

2019年	2020年	2021年
《流浪地球》	《八佰》	《长津湖》
《我和我的祖国》	《我和我的家乡》	《我和我的父辈》
《中国机长》	《金刚川》	《中国医生》
《烈火英雄》	《夺冠》	《革命者》
《攀登者》	《紧急救援》	《1921》
—	《一点就到家》	《铁道英雄》

（二）样本来源

知名电影网站豆瓣平台近年的新主流电影页面获得了较多关注，用户使用率高，评价内容丰富真实。研究选取了新主流电影榜单的热门短评，

---

① 王真，张海超 . 从"主旋律"到"新主流"：新主流电影的修辞取向研究［J］. 当代电影，2021（9）：155-160.

利用大数据挖掘和分析工具 Python 爬虫功能对豆瓣网站的电影信息进行爬取、解析、清洗和处理，并进行数据可视化展示。

（三）数据处理步骤

首先对电影评论的基本信息进行编码，其次使用 Python 对抓取的文本数据进行停用词过滤，得到处理过的文本数据以进行词频分析和 LDA 主题建模分析。

1. 高频词分析

在 Python 软件中用停用词过滤以及中文分词工具"jieba"等方式进行数据清洗，通过对单一高频词的频率统计分析，得到新主流电影短评排名前五十的高频词，以此初步探究评论内容是从哪些方面呈现观众感知的。

2. 主题建模分析

通过以 LDA 模型算法为基础的主题模型分析对文本语料库的影评进行深度挖掘，识别文本中意义相近的词群，进而构成多个不同的主题，形成主题聚类，从而得出关于新主流电影叙事风格、叙事主体、风格选择、影像与历史等方面的结论。

三、基于词频分析的新主流电影呈现特点

（一）新主流电影的历史架构吸引观众观看

在《1921》《八佰》《革命者》《长津湖》《金刚川》《我和我的祖国》《攀登者》《中国机长》等 8 部新主流电影中，"历史""革命""建党""战争""真实"等涉及中国历史的词语，以及"李大钊""陈独秀"等历史人物姓名在豆瓣用户的短评中反复出现，如表 2 所示。这 8 部电影是根据真实事件改编的历史题材类电影，从高频词的使用情况来看，电影中的历

史原型与历史故事是观众选择观看新主流电影的原因之一。例如，名为"Yaoxiaotong"的用户评论《1921》时写道："很值得所有人看，革命先辈的历史和伟人，我们不能忘却，时刻铭记于心。"

表2　历史题材电影及历史类高频词

《1921》	《八佰》	《革命者》	《长津湖》
历史 119 次	历史 127 次	李大钊 219 次	战争 118 次
革命 50 次	战争 112 次	革命 101 次	历史 86 次
建党 36 次	租界 40 次	历史 72 次	抗美援朝 51 次
陈独秀 23 次	真实 23 次	时代 29 次	真实 27 次
《金刚川》	《我和我的祖国》	《攀登者》	《中国机长》
志愿军 61 次	回归 93 次	历史 32 次	真实 87 次
历史 46 次	历史 40 次	国家 32 次	还原 34 次
抗美援朝 38 次	香港回归 23 次	—	改编 29 次
美国 27 次	时代 22 次	—	—

（二）新主流电影中"牺牲"的英雄故事引发"感动"的观影体验

在这些新主流电影中，"英雄""牺牲""悲壮"等描述电影情节的词语，以及"煽情""感动""感人"等描述观影体验的词语在豆瓣短评中反复出现，如表3所示。这表明，部分新主流电影通过讲述英雄人物牺牲奉献的悲壮故事，营造煽情的观影氛围，从而达到感动观众的效果。例如，名为"欢乐分裂"的用户评论："不无过度的煽情，然而当一个个年轻的、有温度的生命，用血肉之躯践行着'吾往矣'，正是悲壮到惨烈。"

表3　"牺牲"的英雄故事与"感动"的观影体验高频词

《1921》	《八佰》	《革命者》	《长津湖》
先辈 34 次	煽情 72 次	牺牲 37 次	致敬 38 次

续表

《1921》	《八佰》	《革命者》	《长津湖》
牺牲 22 次	英雄 32 次	光明 37 次	牺牲 32 次
热血 18 次	悲壮 31 次	信仰 25 次	煽情 25 次
火种 17 次	牺牲 28 次	—	刻画 23 次
《金刚川》	《我和我的父辈》	《烈火英雄》	《中国医生》
英雄 36 次	感动 28 次	煽情 166 次	感动 71 次
牺牲 24 次	煽情 27 次	英雄 104 次	致敬 37 次
—	牺牲 26 次	牺牲 52 次	英雄 30 次
—	生命 22 次	感动 44 次	煽情 23 次

（三）张译、章子怡、吴京、范伟被提及次数高于其他主演，得到观众的肯定

作为一门表演艺术，一部影片的情节内容、思想内涵都是通过剧中人物体现的，而演员则是剧中人物的直接诠释者。从词频分析来看，张译、章子怡、吴京、范伟四位演员在豆瓣短评中的出现频次较高，被提及次数高于电影中其他主演的名字，如表 4 所示。这表明四位演员演技纯熟，塑造的角色广泛引起了观众的共鸣。

"张译"是电影《金刚川》的短评中出现次数最多的高频词，共出现129 次，远高于高频词中的第二个演员名"吴京"的 27 次，网友"大力绵绵冰"的短评"张译，谁用谁爽的演员"在《金刚川》的短评中获赞 6664次；在电影《攀登者》中，"张译"是出现次数排名第三的演员，提及次数 100 次；"章子怡"是《我和我的父辈》中使用次数最多的高频词，共出现 227 次；在电影《攀登者》的短评中，"章子怡"的名字出现 111 次，是短评中使用次数排名第五的高频词；"吴京"是电影《攀登者》的豆瓣短评中出现次数排名第二的高频词，共出现 153 次，在电影《流浪地球》的豆瓣短评中，"吴京"被提及次数最多，出现次数 48 次；"范伟"是电影《铁

道英雄》豆瓣短评中出现次数最多的高频词，共出现 200 次。网友"豆友191602559"的评论"范伟用鬼子手雷炸死小么哥是本年度最帅的场景"获赞 1556 次，是该电影获赞最高的短评。

表4 提及高频词

《金刚川》	《攀登者》	《铁道英雄》	《我和我的父辈》
张译 129 次	导演 159 次	范伟 200 次	章子怡 227 次
视角 114 次	吴京 153 次	故事 99 次	故事 192 次
故事 74 次	感情 152 次	铁道 78 次	徐峥 186 次
重复 66 次	演员 130 次	人物 77 次	沈腾 161 次

（四）观众以外国优质电影为参照评价新主流电影

观众如何评价一部电影取决于观众的评价框架，观众将正在观看的电影与已观看过的类似题材电影进行对比，评判电影的优劣，如何选择参照电影，影响到观众对电影评价的高低。从词频分析的结果来看，在电影《金刚川》短评中，"敦刻尔克"出现 40 次，在电影《中国机长》短评中，"萨利"出现 57 次。结合评论的文本分析可以发现，观众将电影《敦刻尔克大撤退》《萨利机长》作为新主流电影《金刚川》与《中国机长》的参照电影，以对这些新主流电影进行评价。

选择好莱坞大片作为新主流电影的参照电影，表明了新主流电影从主旋律宣传片向新主流商业片的成功转型，同时，这种对比也显示出了观众对新主流电影艺术性、观赏性上高水准的制作需求。

四、基于 LDA 模型的新主流电影主题分析

以 LDA 模型算法为基础的主题模型分析能对文本语料库的影评进行较

为深度的挖掘，它主要作用于识别文本中意义相近的词群，进而构成多个不同的主题。

本研究基于 Python 程序语言的 LDA 模型计算。文本语料库通过停用词筛选，经由 LDA 模型分析，再通过 pyLDAvis 软件进行可视化设计，发现将主题数（Topic）设为 10，关键词数设为 20 时，各主题之间的区隔相对清晰。通过各个主题集聚的关键词，尝试对主题做进一步的归类。如 Topic 1 中包含的关键词有"人物—青年—教员—建党——大"，可以推测此主题侧重探讨青年建党的革命历史；Topic 2 则明显含有"倪妮—演员—黄轩—陈坤"等与演员演技相关联的关键词；Topic 5（"镜头—真—演员—感觉—黄轩—年代—李达—剧情—故事"）虽然包含"演员"关键词，但更侧重演员演技的真实性以及与历史角色的适配度；Topic 9 的关键词"演技—群像—人物—主旋律—年代—伟大—浪漫"则聚合了关于新主流电影叙事风格的评价，通过叙事主体、风格选择、影像与历史的动力学关系展开评论视域。

通过对关键词进行整合概括，基于主题建模结果和影视批评要素，豆瓣平台的新主流电影评论内容被分成以下 3 类：革命历史（Topic 1、Topic 3、Topic 8）、电影制作（Topic 2、Topic 4、Topic 5、Topic 10）、电影叙事（Topic 6、Topic 7、Topic 9），各主题所占比重分别是 34.5%、41.2%、24.3%。

结合文本可以发现，革命历史的评论偏向于观众对电影还原与再现历史情境的反馈，电影的历史书写与观众的认知相互碰撞，加之当下国家的"在场"、大众文化与官方叙事交融等产生的多重张力，引起多方的反响与共振。电影的感官刺激与国家呈现吸引观众去探究真实的历史境况，其丰富的中国面貌书写也促使观众思考当下社会的发展；电影制作尤其是演员演技往往影响到观众对电影的直观印象，明星参演的新主流电影无疑提升了话题度与口碑，流行粉丝文化与网络民族主义汇流在新主流电影的评论区中，呈现出多棱镜般的话语症候；在对导演把控、演员演技、拍摄手法、镜头运用、后期剪辑等诸多流程与角度细节的评价中，常常直观地反映出观众对新主流电影的态度；电影叙事部分集中在文本与形式的评论，探讨新主流电影中的叙述者与接受者、时间与空间、视点与结构等叙事问题。故事与情节在评论中尤其得到重视。

（一）革命历史题材受青睐，电影再现主流意识形态话语

Topic 1、Topic 3、Topic 8 构成了豆瓣评论最多的议题之一——革命历史。新主流电影的受众广泛，既作为主流意识形态话语在电影中再现，也行历史教育之能，引发观众对革命历史认知的兴趣。除了 Topic 1 侧重探讨青年人物的建党岁月，也通过系列影片形成矩阵，透视了百年建党历程，Topic 3（"伟大—百年—革命—建党—牺牲—中国—1921—献礼片"）表现了新主流电影呈现出的共产党栉风沐雨的历程。主流观众所认同、所接受、所心向往之、所同仇敌忾的新主流电影必然有史实支撑。

（二）电影制作受关注，电影剧本是否精彩、线索是否清晰、节奏等是否能使人接受等是评论的重点

通过主题建模的结果（图 1）可以看出，豆瓣平台对新主流电影的制作部分最受关注，占比 41.2%，接近文本总量的一半。电影制作中的演员阵容、角色适配度、创作团队等电影文化产业话题在名人效应及粉丝文化的推动下，拥有较多的评论热度。Topic 2（占比 13.2%）中的"倪妮—演员—黄轩—陈坤"等关键词显示了豆瓣用户对明星的关注。明星参演新主流电影显著提升了电影的话题效应，例如 Topic 4（"演员—李达—演技—人物—喜欢"，占比 11.6%）聚焦中国共产党早期领导人李达，其饰演者黄轩剃发出演《1921》，细节中凸显的演技让豆瓣用户印象深刻。Topic 5（"镜头—真—演员—感觉—黄轩—年代—李达—剧情—故事"，占比 11.2%）则

深入明星的历史角色塑造是否尊重史实等。Topic 10 的关键词有"导演—明星—演员—故事—拍—散乱—比较—观众",泛化到电影制作团队如导演、拍摄、观众接受度等层面。电影剧本是否精彩、线索是否清晰、节奏等是否能使人接受等都是评论的重点。

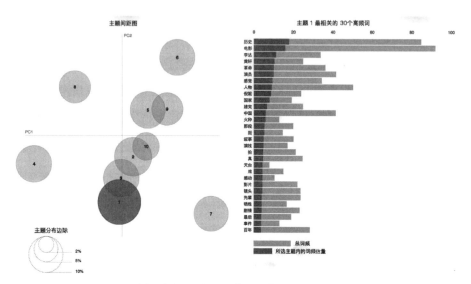

图1　豆瓣平台新主流电影《1921》的 LDA 主题模型图

（三）打破原有主流电影叙事风格，聚焦大众群像人物

电影叙事也是豆瓣评论的一大焦点。作为中国最大的电影社区，豆瓣聚集了诸多电影爱好者，甚至不乏专业的影视从业人员与学者，对电影叙事的评价高低往往影响了对电影的整体感知。Topic 6 的关键词"先辈—青春—火种—百年—情节"反映了豆瓣用户对革命历史情节改编的关注，这集中体现在 Topic 7（"真—片段—塑造—故事—重点"）对于故事框架与重点影像片段的真实性的关注中。

新主流叙事建构着国人的文化认同与家国情怀，如何从主旋律电影的固定程式与宣发范式中突围，探索出适应当前社会发展、符合市场规律的新样貌是观众评论的显著标准。Topic 9 的评论聚焦于新主流电影的叙事风格，通过关键词"演技—群像—人物—主旋律—年代—伟大—浪漫"可知，观众对新主流电影的认知主要是在革命浪漫主义基调下的主旋律书写，尤其关注大众群像人物的表现。

在单部影片的 LDA 模型分析中也出现了类型评论、记忆与认同等主题链条，这意味着在类型杂糅的中国电影语境下，新主流电影既在不断满足主流文化价值，也在电影的剧本创作、叙事风格、美学呈现等层面适应受众市场，融入新元素，并从创意等角度开启自身类型化之路。无论是《中国机长》这种灾难类型片，抑或《八佰》《金刚川》这种战争片，还是杂糅了剧情、动作、爱情等多种类型元素的"我和我的××"系列电影等，无疑都是商业价值与主流观点相交融的优质作品，一同形塑着国人的集体记忆。从"以人民为中心"的革命历史、守正创新的创作理念、水平提升的叙事风格等多维层面共同建构的新主流电影正不断满足着观众对中国电影的期待。

结 论

在对新主流电影的豆瓣评论文本进行分析之后，本文发现新主流电影会依据历史进行架构，吸引观众观看；新主流电影中"牺牲"的英雄故事会引发"感动"的观影体验，英雄在新主流电影中的作用巨大；观众更加关注演员的演技，对好的演员会不吝夸奖，诸如张译、章子怡、吴京、范伟等演员受到观众肯定，但是演技较差的也会受到观众批评；观众往往以外国优质电影为参照来评价新主流电影，并针对其情节、画面等方面进行对比；电影制作也备受关注，电影剧本是否精彩、线索是否清晰、节奏等是否能使人接受等都成为评论的重点；另外，使用了哪些电影制片技术也成为人们关注的焦点，诸如 CG、IMAX 等技术会吸引观众；在叙事风格上，也打破了原有主流电影叙事风格，聚焦大众群像人物。

情感传染理论视角下微博网络爱国主义话语生成机制探析

——基于"中国乒乓球混双摘银"话题评论的研究

贾贝熙

摘要: 互联网以及社交媒体的快速发展催生出网络爱国主义这一新事物。不同于传统爱国主义,网友之间情感的相互传染在网络爱国话语的生成过程中表现得尤为显著,使得爱国主义话语引导面临许多新的问题。本文基于情感传染理论,爬取微博中央视新闻账号"中国乒乓球混双摘银"新闻微博下评论共 5295 条,对其进行分析发现:在此次事件的网络爱国主义话语生成过程中,情感传染现象确实存在,且评论内容线索影响情感传染,非内容线索则对情感传染没有影响。在此基础上,本文进一步为如何引导网络爱国主义话语提出建议。

关键词: 情感传染;网络爱国主义;话语生成机制;微博

一、研究背景与研究问题

爱国主义是中华民族精神的核心,是中华民族不断向前发展的重要精神力量。而爱国主义概念具有历史性，在不同的历史时期呈现出不同的内涵与形态。① 随着当下网络信息技术日益嵌入人们的日常生活中，爱国主义以网络爱国主义这一全新样态登上舞台。较之传统线下爱国主义，网络爱国主义会因某一重大社会公共事件而迅速集结，进行情感的交换与传染，并进而引发更大规模的集体事件。

在 2020 年东京奥运会期间，网民在网络平台上共享和欢呼着民族自信与爱国情感，微博上对于东京奥运会的讨论可以说是当下网络爱国主义的生动体现。而在此次奥运会中一个明显的现象是：网民之间话语表达的情感趋于一致，包含强烈愤怒、气愤等情感的用户评论往往会吸引大量包含质疑、谩骂相关内容的评论。网络爱国主义话语呈现出新形态，其生成机制较之传统线下爱国主义呈现出许多不同。这也就为我们进一步考察微博中网络爱国主义话语生成机制提供了立足点。

而情感传染理论作为描述在社会网络中情感蔓延过程的理论，认为传播过程中的内容线索与非内容线索都对情感传染现象产生着影响，由于网络爱国主义话语的生成期间往往伴随着情感的传递，因而使用情感传染理论对网络爱国主义话语生成机制进行研究具有一致性。

二、文献综述与研究问题

（一）国家、爱国主义与网络爱国主义

国家这一概念并非古已有之，而是人类文明发展的产物。而现代国家则是基于一套制度体制将一定区域的人民整合为一个能够共享制度安排的

---

① 刘铭，康秀云.网络爱国主义的逻辑、困境与有效引导［J］.思想理论教育，2020（4）：23-28.

统一共同体。① 而也正是由于现代国家的这一特点，使得国家认同成为其建构及生存发展的关键一环。而爱国主义便起源于国家认同。

关于爱国主义，中外学者都已进行了深入研究。外国学者认为爱国主义可以划分为建设性爱国主义与传统爱国主义两类，他们认为传统爱国主义指公民对于国家单纯的依恋与热爱；② 而建设性爱国主义则指公民在除了对其所处国家的依恋和热爱之外，还具有对于国家运行的批判性的反思。③ 但这种对于爱国主义的定义是基于西方政治制度、意识形态语境下的定义，而在我国语境下所讲的爱国主义还具有在我国政治、思想语境下的不同特质。因此本文作为对于我国网民爱国主义表达的研究，更倾向于采用我国语境下对于爱国主义的定义。

在既有的国内爱国主义相关研究中，学者认为爱国主义包含情感意义、道德意义以及政治意义三重意义。④ 其中情感意义是个人对祖国依赖关系的体现，是人们因全面认同祖国价值而产生的一种肯定性表达；⑤ 道德意义则是赋予人重视国家利益、集体利益，自愿投身于国家富强、发展的建设中去的道德义务；⑥ 政治意义则是指处于国家中的公民要自觉拥护所在国家的

① 林尚立. 现代国家认同建构的政治逻辑 [J]. 中国社会科学，2013（8）：22-46，204-205.

② MIRJANA R，KATARZYNA J-D，MARYNA K，et al. Is patriotism helpful to fight the crisis? The role of constructive patriotism，conventional patriotism，and glorification amid the COVID-19 pandemic [J]. European journal of social psychology，2021，51（6）：862-877.

③ SEKERDEJ M，SZWED P. Perceived self-efficacy facilitates critical reflection on one's own group [J]. Personality and individual differences，2021，168.

④ 吴潜涛，杨峻岭. 全面理解爱国主义的科学内涵 [J]. 高校理论战线，2011（10）：9-14.

⑤ 柳礼泉，黄艳. 爱国情感与理性爱国相统一的辩证思考 [J]. 科学社会主义，2010（1）：85-87.

⑥ 丁越勉，石启承. 当代大学生爱国主义教育实践研究：基于泰州地区高校的调查 [J]. 黑龙江高教研究，2016（12）：146-150.

社会信仰、阶级追求等一系列要素。① 而当下相关研究中对爱国主义的定义大部分包含于上述三重含义之中。基于本文的研究需要，本文采用爱国主义的情感意义这一定义，即认为爱国主义是人与国家之间的归属与认同关系，并且通常外化为积极的情感。

同时，通过分析既有文献发现，在对爱国主义的研究中，爱国主义内涵并非一成不变，而是随着时代的发展被注入了许多新的内涵。而在当下，互联网技术的蓬勃发展也为爱国主义赋予了最新的时代内涵，"帝吧出征""饭圈女孩出征"等一系列基于互联网平台的爱国行为也标志着网络爱国主义成为最新且具有强大影响力的爱国主义新样态。承接前文对于爱国主义的定义取其情感意义，网络爱国主义则指网络信息时代一切依托网络传播并依靠网络实现的有关爱国的言论、情感、思想与行动等现象的统称。② 当下国内学者对于网络爱国主义的研究可分为"现象说"与"载体说"两种路径。现象说认为网络爱国主义即"帝吧出征"等相关网络事件与现象。③ 但这一研究路径只看到了网络爱国主义最表层外显出的现象，而忽略了其背后的内涵、本质与形成机理等深层次因素。而载体说则是简单地将互联网看作爱国主义在新时期下产生发展的新工具，认为网络爱国主义只是将发生的场域由线下转移到了线上。④ 而这一研究路径则只看到了互联网的工具属性，而忽略了其作为一种媒介对人话语表达同样起着影响与塑造作用。

在互联网场域下发生的爱国主义较之之前线下的爱国主义在内容、形式等诸多方面均存在着许多不同。因而本文同样不主张将"爱国主义"与

---

① 王艳，邢盈盈. 中国共产党百年爱国主义内涵演变的历程与经验［J］. 道德与文明，2021（4）：16-24.

② 王嘉，吕君怡."圈层化"下的青年网络爱国主义［J］. 探索与争鸣，2021（3）：115-123，179.

③ 徐家林，王皓翔. 网络公共空间中的爱国主义新特征与新趋向［J］. 江苏行政学院学报，2017（3）：92-97.

④ 刘铭，康秀云. 网络爱国主义的逻辑、困境与有效引导［J］. 思想理论教育，2020（4）：23-28.

"互联网"进行简单叠加，而要认识到爱国主义在复杂的网络生态下的发生机制、生成理路等方面呈现出何种特殊样态。

（二）网络爱国主义话语

里奇（Sean Richey）的研究发现，爱国主义极大地影响着公民的行为。[1]而在互联网这一众声嘈杂的场域下，网民在其中的爱国情感的表达以及发表的相关爱国言论无疑成为其在网络爱国主义影响下所进行的最普遍的行为，也受到学界广泛关注。如安娜（Anna）通过对脸书（Facebook）上的波兰爱国账户用户构建的记忆叙事的内容进行分析，研究了其爱国话语表达的虚假、喜欢和仇恨等情感建构出了什么样的波兰爱国主义形象的问题；[2]而在国内，王淼则以中国青少年群体为对象进行了研究，发现青少年网络爱国话语呈现出多元化和泛娱乐化、民间化和有组织化等新特点。[3]

综合分析既有文献发现，既有相关研究多集中于对网络爱国主义话语的话语特征这一静态特征的研究，而缺乏对于此类话语特征的生成机制这一动态过程的深入分析。基于此，本文将对微博中东京奥运会"中国乒乓球混双摘银"新闻相关评论中网络爱国主义话语生成机制进行研究。

（三）情感传染

情感传染是指人们在接触他人的情感表达后导致他们自己的情感表达

① RICHEY S.Civic engagement and patriotism［J］.Social science quarterly，2011，92（4）：1044-1056.

② RATKE-MAJEWSKA A.An account on a social network site as a site of memory. Memory in the internet fake，like and hate.A new expression of polish patriotism?［J］. Review of nationalities，2019，9（1）：237-246.

③ 王淼.青年网络爱国主义的话语特征与引导策略［J］.人民论坛，2019（24）：50-51.

变得与他人更为相似的过程。① 传统的情感传染研究多将研究对象设定为人际传播及组织内部传播中的情感传染现象。而在当下，互联网的蓬勃发展带动了社交媒体平台的兴盛，社交媒体平台可以跨越时空交流的特性，使得情感传染可以在所有网民之间广泛发生。此时，社交媒体平台上留下的丰富、精细的文本数据为研究网络上的情感传染现象提供了抓手，也进而使得情感传染研究对象由线下转到了线上，且多集中于对社交媒体平台上的情感传染现象进行研究。如博伦（Johan Bollen）等人对 10 万名推特（Twitter）用户在 6 个月内发布的帖子进行研究发现，推特用户的快乐情感高度相关，证实了推特中存在情感传染现象。② 综合分析既有文献发现，当前使用情感传染理论对网络爱国主义进行的研究还相对较少，基于此，本文提出第一个研究问题：

Q1：在网络爱国主义话语生成过程中，是否存在情感传染现象？

同时针对情感传染的产生机制，在既有传统情感传染研究中，学者认为语言线索与非语言线索均对情感传染机制产生着作用。而由于互联网跨越时空的特性使得传统情感传染研究中的表情、动作等非语言线索处于缺位状态，同时语言线索也产生新的变化而转为内容线索。

在社交媒体中，内容线索指与用户在互联网上发表的具体内容直接相关的线索，如内容主题、高频词、情感词等。③ 而与此同时，非语言线索也转变为用户的个人信息，如发博数、转评赞数等，这些信息时刻直接或间接影响网民态度、情感、观点等的形成。基于此，本文提出第二和第三个研究问题：

① 杨洸. 社交媒体网络情感传染及线索影响机制的实证分析［J］. 深圳大学学报（人文社会科学版），2020，37（6）：115-126.
② BOLLEN J, GONÇALVES B, RUAN G C, et al.Happiness is assortative in online social networks［J］.Artificial life, 2011, 17（3）: 237-251.
③ 杨洸. 社交媒体网络情感传染及线索影响机制的实证分析［J］. 深圳大学学报（人文社会科学版），2020，37（6）：115-126.

Q2：在网络爱国主义话语生成中，情感传染强烈的爱国主义话语内容线索呈现何种特征？

Q3：在微博网络爱国主义话语生成过程中，用户非内容线索如何影响情感传染？

三、研究方法与研究设计

（一）数据来源与搜集

情绪和情感的概念在心理学上有所不同，稳定的情感是在情绪的基础上形成的，因此情绪刺激物是影响人们情感产生和发展的重要前提。[①] 因此本文选取 2020 年东京奥运会中"中国乒乓球混双摘银"这一新闻作为情绪刺激物。这是因为，一方面奥运会作为媒介事件中典型的"竞赛事件"，受到全民的广泛关注并刺激着观众的民族自信心与自豪感，也使得网民在奥运会期间的爱国主义相关话语表达在网络中呈井喷式爆发，是当下网络爱国主义的集中体现；另一方面"中国乒乓球混双摘银"这一新闻包含多重符号意义，这也使得在比赛结束后，我国网民的爱国情感在网络上进行了集中的爆发。因而选取这一新闻作为此次研究中的情绪刺激物具有代表性与典型性。

本文选取了微博这一平台中央视新闻账号相关微博下网民相关评论进行研究。这也是由于，一方面，近年来微博已成为国内网络上主要的公众舆情的发布讨论平台，同时也是当下网络舆情中情感泛滥与传染最普遍的社交媒体平台；另一方面，央视新闻是主流媒体重要的新闻发布渠道，其受众群体覆盖范围广。因而选取微博平台中这一账号下网民评论进行研究

---

① 杨洸 . 社交媒体网络情感传染及线索影响机制的实证分析［J］. 深圳大学学报（人文社会科学版），2020，37（6）：115-126.

具有代表性与典型性。

　　基于此，本文选取乒乓球混双比赛当日，即 2020 年 7 月 26 日央视新闻所发布的"中国乒乓球混双摘银"新闻微博下的评论数据，并最终爬取一级评论 4136 条，二级评论 1159 条，并在清洗后使用在 Python 环境上运行的"jieba"中文分词器对评论文本进行分词和统计；使用知网情感词典进行情绪词的识别与标注，进而对文本情绪倾向分类进行分析。[①]

（二）测量

1. 情感测量

　　网络情感识别一般都采用情感分析方法，目前普遍的做法是，通过匹配情感词典，确定给定文本中积极情感词与消极情感词的比例，或者对不同情绪类别进行加总，从而判定给定文本的基本情感倾向。[②] 本文使用知网情感词典进行分析，对抓取的每一条一级评论和二级评论的文本进行情感识别，并归类为正面和负面两类极性情感，最终计算每一条评论的正面和负面情感分。

2. 情感传染

　　对于情感传染则通过将一级评论中正（负）面情感分与二级评论中正（负）面情感平均分进行相关分析，通过相关性强弱判断是否存在情感传染。同时通过二级评论中正（负）面情感平均分与一级评论中正（负）面情感分差值的大小，判断正（负）面情感传染的程度强弱。

3. 一级评论内容线索

　　使用 LDA 模型对一级评论内容线索进行主题研究，LDA 是一种无监

---

①　周葆华，钟媛 . "春天的花开秋天的风"：社交媒体、集体悼念与延展性情感空间——以李文亮微博评论（2020—2021）为例的计算传播分析［J］. 国际新闻界，2021，43（3）：79-106.

②　张伦，王成军，许小可 . 计算传播学导论［M］. 北京：北京师范大学出版社，2018：52-56.

督主题模型，其通过分析文本中的词来发现文本中的主题、主题之间的联系方式和主题的发展，并需要由使用者人工确定主题数，并在进行不同尝试后选出最佳主题数，并确定主题内容。

4. 一级评论非内容线索

一级评论非内容线索指一级评论发布用户在微博中的个人信息呈现。研究中将其具体操作化为一级评论发布用户的粉丝数、关注数、发博数、总转评赞数、一级评论获赞数，并使用 Python 从微博平台中进行爬取。

四、数据分析

（一）一级评论情感分与二级评论情感平均分相关分析

本文采用皮尔逊系数来分析相关关系。由表1可知，对一级评论的正面情感分与二级评论的正面情感平均分进行相关性测验，p=0.000<0.05，r=0.896，0.8<|r|< 1，且 r >0，说明一级评论的正面情感分和二级评论的正面情感平均分呈高度正相关。

表1 一级评论与二级评论正面情感分数的相关分析

相关性		一级评论正面情感分	二级评论正面情感平均分
一级评论正面情感分	Pearson 相关性	1	0.896**
	显著性（双侧）	—	0.000
二级评论正面情感平均分	Pearson 相关性	0.896**	1
	显著性（双侧）	0.000	—
**.在 .01 水平（双侧）上显著相关			

而在一级评论的负面情感分与二级评论的负面情感平均分的相关性测验项目上，由表2可知，p=0.000<0.05，说明一级评论的负面情感分和二级评论的负面情感平均分之间具有相关性；r=0.969，0.8<|r|< 1，且 r >0，说明一级评论的负面情感分与二级评论的负面情感平均分呈高度正相关。结果说明，在微博中的网络爱国主义话语生成过程中，网络情感传染确实存在，一级评论的情感取向能够显著正向影响二级评论的情感表达，同时相较于正面情感，负面情感在网络爱国主义话语生成过程中具有更强的传染性。

表2 一级评论与二级评论负面情感分数的相关分析

相关性			
		一级评论负面情感分	二级评论负面情感平均分
一级评论负面情感分	Pearson 相关性	1	0.969**
	显著性（双侧）	—	0.000
二级评论负面情感平均分	Pearson 相关性	0.969**	1
	显著性（双侧）	0.000	—
**. 在 .01 水平（双侧）上显著相关			

（二）情感传染强烈评论文本内容线索特征分析

本文使用 LDA 模型对情感传染强烈评论文本进行主题分析发现，当主题分类数为4时分类结果最优，并总结出四类主题，即主题1：指责日本运动员犯规；主题2：攻击日本运动员；主题3：对中国运动员表示祝贺；主题4：维护中国运动员（见表3）。

在正面情感传染强烈的评论中，高频出现的词语包括"很棒""昕雯联播""辛苦""加油"，其主题为主题分析中的主题4（维护中国运动员）以及主题3（对中国运动员表示祝贺）。

而在评论文本中出现"犯规""水谷隼""日本""裁判"此类词语时更容易引发负面情感传染，其主题类型多为主题1（指责日本运动员犯规）与主题2（攻击日本运动员）。

表3 评论文本主题分类关键词与类别数量统计

	主题内容	代表性关键词	个数
主题1	指责日本运动员犯规	犯规、日本、他们、输不起、规则、比赛、裁判、警告	1242
主题2	攻击日本运动员	水谷隼、伊藤、球台、嘴巴、小心、诡异、眼神	448
主题3	对中国运动员表示祝贺	很棒、辛苦、加油、昕雯联播、中国队、yyds、恭喜、棒棒、心态	2129
主题4	维护中国运动员	骄傲、中国、我们、很棒、银牌、运动员、刘诗雯、厉害、加油	1380

（三）用户非内容线索相关性分析

本文还考察了一级评论非内容线索与网络爱国主义话语生成的关联。首先考察了非内容线索与网络爱国主义话语生成参与度之间的关联。通过将一级评论点赞量与其收到的回复数进行相关分析发现，$p=0.000<0.05$，$r=0.948$，$0.8<|r|<1$，且 $r>0$，说明一级评论点赞量与其收到的回复数呈高度正相关。而将一级评论用户的粉丝数、关注数以及所收获的转评赞总量与其所收获的回复数进行相关分析发现均不显著相关，即一级评论用户的粉丝数、关注数以及转评赞总量等非内容线索对其他用户是否参与爱国主义话语生成影响不大。

而在考察非内容线索与网络爱国主义话语生成过程中的情感传染之间关联的过程中发现，用户一级评论收获的点赞量及其自身粉丝数、关注数以及所收获的转评赞总量等数据均无显著相关，可见非内容线索对于网络爱国主义话语生成过程中的情感传染现象并不存在显著影响。

五、研究结论

（一）研究结果讨论

1. 网络爱国主义话语生成过程中情感传染现象存在

话语模式的生成受到内部力量与外部力量的双重驱动。内部力量指受众自身的心理、情感变化[①]，而在此次事件中的网络爱国主义话语生成过程中，情感传染现象的确存在。网友一级评论中的正面与负面情感均在二级评论中得到了延续甚至扩大。但同时我们还发现，在此次事件中，负面情感的传染程度要显著大于正面情感，说明在面对损害我国利益与荣誉的事件时，网友通常难以保持冷静，而易产生愤怒、鄙夷等负面情绪，甚至产生民族主义情绪，表现为对其他国家的排斥与蔑视。

尽管一级评论与二级评论之间存在显著的情绪感染现象，但深入分析评论内容本身后我们发现，传播效果却并不尽如人意。[②]尤其在以负面情感传染为主的应激式爱国话语中，除对日本选手犯规行为的指责外，对中国运动员表现提出批评意见的评论往往也会受到应激式爱国话语的攻击。可见，在普通公众的爱国主义狂欢进行得过于激烈时，网络爱国主义通常会以相对激烈的方式呈现，导致攻击目标逐渐模糊，甚至泛化。

---

① 刘佳.情感认同与情绪感染：网络爱国主义的表达机制与话语模式［J］.青年记者，2021（14）：115-116.

② 钟智锦，廖小欧，游宇霞.网络社区中的情绪感染现象：基于环境类议题与爱国主义类议题的实证研究［J］.新闻记者，2019（9）：61-71.

2. 内容线索与非内容线索影响网络爱国主义话语生成中的情感传染过程

在此次事件中，话语模式的生成所受外部力量表现为评论区中一级评论的内容线索与非内容线索。分析情感传染强烈评论文本发现，不同于以往传统爱国主义话语的宏大叙事与含蓄表达，评论内容情感表达直接，内容娱乐性强的评论更易引发情感传染。

同时一些娱乐性较强的评论也更容易引发网友情感传染，这在传统网络爱国主义话语严肃的叙事逻辑中通常不会出现，可见网络爱国主义作为栖身于互联网之中的新事物，其话语表达的生成也同样受到了互联网娱乐化影响。但这种娱乐以及个体叙事，也在一定程度上消解了爱国主义的严肃性，容易使爱国主义话语表达成为网友的个人表演，或被无意识卷入其中的个体的网络狂欢，这无疑都是对爱国主义严肃内涵的曲解。

同时对于非内容线索这一外部力量，研究发现，在微博这一场域中，一级评论发布者的粉丝数、关注数以及收到的转评赞总数等非内容线索对一、二级评论间的情感传染并不存在显著影响，这是由于在微博评论区界面设置中，这些数据并不具有可见性。网络爱国主义话语生成过程中的去中心化在微博评论区中得到了进一步强化。

而一级评论点赞数虽然不会影响情感传染，但会显著影响网友参与，获赞较多的一级评论往往也会收到较多的二级评论，吸引更多用户参与到网络爱国主义话语生成中来。这是由于微博评论区默认按照热度排列评论顺序，点赞数更高的评论更容易处于评论区前排被其他网友看到。这说明平台机制同样影响着网络爱国主义话语生成，因此平台在引导网络爱国主义话语生成过程中，同样发挥着重要的作用。

（二）建议与对策

1. 加强主流媒体引导力度，强化话语权威

无论网络去中心化有多么严重，主流媒体始终应当在网络爱国主义话语生成过程中发挥风向标的作用，引导网络爱国主义话语走向。而要加大主流媒体引导力度，首先，应当保证正面情感舆论的体量，在众声喧哗的网络舆论场中，要实现正面情感的广泛传染，主流媒体应在网民进行情感传染前，率先在舆论场中设置大量的积极正面情感话语，以维护理性的网络爱国主义话语生态。

其次，当下部分非理性网络爱国主义话语大量传播，也由于爱国主义话语自身合法性与合理性使得主流媒体会对其有较高的容忍度。但是主流媒体作为舆论场中重要的把关人，应当认识到对待爱国主义话语必须深入分析其背后所蕴含的价值观，对违背爱国主义价值的言论及时进行处理或引导，维护健康网络爱国主义话语生态。

2. 加强网络意见领袖队伍建设，更新网络爱国主义话语引导体系

在研究中我们发现，意见领袖对公众网络爱国主义话语生成影响较弱，因此引导网络爱国主义话语生成，还应当加强网络意见领袖队伍建设。一方面，在网络意见领袖人选选择上，可以考虑纳入在网络中较有影响力的人群，发挥粉丝效应等网络爱国主义传播新模式，把握好主流媒体与自媒体双重发力点，营造健康网络爱国主义话语环境。

另一方面，在网络意见领袖引导过程中，可以根据网络用语更新话语引导体系。推进网络意见领袖队伍适应网络话语习惯，以实现更好的引导效果。但在过程中还应避免引导话语过度娱乐化而使爱国主义肤浅化，把握好严肃与娱乐的尺度。

3. 优化平台机制，避免"流量至上"逻辑恶意引导话语走向

微博等社交媒体作为当下网民进行信息分享与交流的主要平台，还应承担把关审查义务。平台在运营过程中由于其商业属性，往往会追求"流量至上"，如在微博评论区中会默认赋予获得点赞数较高的评论以更高的可见性，而忽略评论的具体内容，但此时若一些情绪较为极端的评论获得更高的可见性，往往会将极端情感迅速传染给其他网友，造成群体极化。

可见，在网络爱国主义话语生成过程中，平台也应发挥相应作用，制定相应的算法规则对一些非理性的网络爱国主义话语进行处理，对时常发布非理性网络爱国主义话语，或其他易引发对立的引战账号及时进行警告等，避免"流量至上"逻辑恶意引导网络爱国主义话语走向。

专题三
认知神经与智能传播

AI 主播的形象呈现与人格建构

——基于微博热门话题的内容分析

郜雪婧　刘　娜

摘要：数字技术下人格化虚拟新闻主播的诞生通常依赖创作者对受众心理的把握，通过外显行为接近受众的审美特征与期望，与受众建立情感联结，从而优化传播效果。本文采用数据爬取与人工编码相结合的方法，将与 AI 主播相关的微博热门话题分为科技、互联网、社会和娱乐等四类，分析在不同 AI 主播应用领域中，受众对其人格特征设定的情感倾向，并从此出发探究各个领域中 AI 主播的适配形象与特征。研究发现，在不同的应用领域，AI 主播适配着不同的人格特征。

关键词：AI 主播；微博话题；人格；形象；受众

引　言

进入数字时代以来，技术通过中介的方式延伸了人类的感知并拓展了人的身体实践空间。在技术所建构的虚拟环境中，AI 主播融入新闻媒体的内容生产与播报实践，赋予了媒体更多元的生命力，从最初的技术产物，到与人和社会产生勾连，AI 的拟人化程度和智能程度不断提高，智能技术的思维与人脑思维不断叠加。

在互联网时代，数字技术推动了社交媒体的平台建设，社交媒体能够搭建信息传受渠道并提供丰富的信息服务，在社会交往过程中的意义越发凸显。伴随着移动网络的不断形成与丰富，社交媒体具有了自主性、交互性、及时性与传播多样性等多种社交应用属性。新浪微博是一个基于用户关系提供信息服务并由此进行信息分享、传播以及获取的社交媒体[①]，目前，微博已经成为公众最常使用的网络社交媒体之一。移动互联、大数据和虚拟现实等新技术发展促使人们的交流范围不断扩大，微博成为基于圈层关系而形成的意见场域，参与者可以在不同的社交话题中发言，将自身思想、观点公开表达并与众人分享。

微博中传播的信息内容包括政务、经济、互联网、科技、娱乐新闻等，信息内容经过多级传播往往会聚合成多样的微博话题。微博话题是参与者对某一事件或观点进行讨论而形成的舆论场，这种舆论场不仅受到圈层传播的影响，还可能经过多级互动转、赞、评，形成裂变式传播效果，并在圈层式传递的过程中潜移默化地影响参与者的思想、态度与行为。一般而言，微博话题的内容会通过意见领袖引发涟漪反应，在演化过程中，微博用户的帖子与评论会呈现一种双重作用，一方面能够呈现出明显的话题焦点和个体对社会环境的认知，另一方面则是基于个体经验的情感投射，这种情感投射往往能够体现受众的想象与期待，进而二次反馈到更为宏观的社会生产流程之中。

① 毕蓓，潘慧瑶，陈峰，等．基于异构图注意力网络的微博谣言监测模型［J］．计算机应用，2021，41（12）：3546-3550．

一、文献回顾

（一）社交媒体

社交媒体是指互联网基于用户关系的内容生成与交换平台，主要包括社交网站、微博、微信、博客、论坛等。社交媒体是公众与公众、公众与相关部门之间分享意见、见解、经验和观点的工具和平台[①]。在社交媒体中，人人都可能成为内容生成者，即公众在接收信息的同时可主动筛选过滤自己接收的信息类型并成为信息的发布者，参与到信息的二次传播中[②]。

（二）用户评论

社交媒体环境中的用户评论是一种特殊的主观反映，是人们对于事物或发生的事件产生的主观感受的生理过程。社交媒体中的评论言论往往带有强烈的主观情感倾向，即网民对于某一事件表达出喜恶的内心倾向[③]。将社交媒体中的网络用户在话题事件下的评论信息进行情感分类，结合用户影响力绘制情感图谱，可直观展示网络用户对某一话题事件的情感倾向及影响。

（三）社交媒体中 AI 主播人格塑造问题的提出

人格化的主持传播具有"名片效应"。受众信赖和喜爱的传播主体以自身的魅力吸引大批忠实观众，具有极强的号召力、黏合力、拉动力和影响

①　王飞飞，张生太.移动社交媒体用户生成内容行为研究：以微信为例［J］.图书馆学研究，2018（5）：43-50.

②　申恩平，马凤英.社交媒体对知识分享的影响作用研究［J］.情报理论与实践，2018，41（3）：106-110，135.

③　杨小平，马奇凤，余力，等.评论簇在网络舆论中的情感倾向代表性研究［J］.现代图书情报技术，2016（Z1）：51-59.

力。在 AI 主播的发展过程中，受众的评价与审美是评判其效果的标准，受众反馈对技术进步至关重要。本文将与 AI 主播相关的微博热门话题分为科技、互联网、社会和娱乐等四类，对话题中的受众情感与态度进行内容分析，通过话题评论，分析在不同 AI 主播应用领域中，受众对其人格特征设定的情感倾向，并从此出发探究各个领域中 AI 主播的适配形象与特征。

二、研究方法

（一）数据来源

微博属于平民性、公开性、交互性的社交媒体，具有较大的影响力，平台用户可以基于自己感兴趣的话题进行发言，这些发言内容构成了微博的舆论生态。在微博场域中，信息发布者与用户有着良好的互动关系，用户可以在微博话题、微博内容下成为次级内容的分发者，使得信息呈现出多级分发的态势，而这种信息往往包含了用户的好恶情感。同时，微博除了提供高效获取信息的 API（Application Program Interface，应用程序界面）以外，也支持用户以第三方软件的方式进行话题接入，话题研究者可以通过爬虫等方式接入微博话题的次级域名，进行话题爬取。综上所述，微博平台的用户活跃度较高，且能够呈现传者与受者之间的信息互动，在信息源的选择上，本文通过对相同属性微博话题进行分类，选择四类微博热点话题作为信息源，通过爬虫方式采集评论数据，建立话题空间。

（二）数据采集及处理

本文运用大数据文本分析法，通过关键词爬取方法进行数据获取，对用户在各类新浪微博话题中对 AI 主播的评论和感想进行文本分析，得到微博用户的情感数据与偏好特征，进而分析受众针对不同类别 AI 主播的情感与偏好差异，以此探究不同类型 AI 主播的人格构建方向。

　　本文首先从微博热搜榜中通过关键词"AI 主播""AI 合成主播""AI 智能主播"等收集热搜话题，综合在榜时间、话题热度等指标，将话题按科技、互联网、社会、娱乐进行分类，每个话题类别下选择 5 个相关话题，运用八爪鱼软件进行数据采集，获取数据字段包括用户 ID、用户昵称、用户相关资料、微博内容、评论文本及点赞数量、评论时间及工具端等，将第二轮数据爬取后 2020—2022 年相关微博评论数量在 100 条以上的 20 个话题作为研究范围（表 1）。在有关 AI 主播的微博话题中，供详细分析的 AI 主播话题基本呈现四种应用类型：科技类、互联网类、社会类、娱乐类。科技类 AI 主播的话题偏向于有关 AI 主播的应用技术发展，有利于洞察受众在科技发展领域对于 AI 主播的形象期待；互联网类 AI 主播的话题偏向于 AI 主播在互联网环境中的应用与发展，与互联网技术与现代受众的网上生活相关；社会类 AI 主播的话题偏向于 AI 技术在现实社会交往中的运用；娱乐类 AI 主播的话题偏向于 AI 主播在娱乐领域的发展与应用。

表 1　微博话题分类数据

类别	话题	获取数据（条）
科技类	#ai 主播 #	1818
	# 全球首位 3d 版 ai 合成主播 #	
	# 韩国首个 ai 女主播金柱夏诞生 #	
	# 全球首个站立式 AI 合成主播 #	
	# 央视新闻 ai 手语主播正式亮相 #	
互联网类	#ai 主播可全年无休直播带货 #	1892
	# 如何看待 AI 手语主播助力运动赛事 #	
	# 新华社 ai 合成主播首次对话虚拟人 #	
	# 虚拟主播帮我打工赚钱 #	
	#AI 主播带货能取代真人吗 #	

续表

类别	话题	获取数据（条）
社会类	#交大学姐用 ai 主播科普高考志愿填报 #	1624
	#人间清醒的 ai 主播是真能处 #	
	#数字人推动新闻报道进入 Web3 时代 #	
	#数字虚拟人主持亮相文化季 #	
	#主播未来会被人工智能取代吗 #	
娱乐类	#遥望瑜大的孪生兄弟 #	1745
	#ai 女主播在线发起绕口令挑战 #	
	#武大靖东北话被 ai 手语主播整明白了 #	
	#快乐大本营加入数字主持人 #	
	#湖南卫视数字主持人小漾 #	

1. 词频分析

本文使用微词云平台进行文本分析。词频分析能够对文本的关键词出现的频次进行统计。当某个关键词在该文本中反复出现时，该词就能反映这条文本的偏向话题。本文中词频分析可用于发现高频话题词汇，统计所得数据有词语（word）、词性（Part of Speech）、频率（Frequency）。

2. 情感分析

情感分析是一种对文本中隐含情感的倾向性进行提取的过程。百度情感倾向分析可对包含主观观点信息的文本进行情感极性类别（积极、消极、中性）的判断，并给出相应的置信度。数据结果包含四种类型，其中 sentiment 表示情感极性分类结果（0：负面，1：中性，2：正面），positiveprob 表示属于积极类别的概率，negativeprob 表示属于消极类别的概率。在后文的分析中，通过 Python 平台实现对微博数据的逐条读取，接入百度 SDK（Software Development Kit，软件开发工具包）接口，进行情感倾向分析后逐条写入数据库，得出每组微博的积极情感概率和消极情感概率。

3. 词云图分析

微博话题中的点赞、转发、评论意味着人们对相关信息的读取、传输和存储，受众在评论中所产生的互动信息往往能够体现个体的情感与关注角度，评论中重复出现的词语与情感倾向能够体现受众对于某一事件或事物的看法与期待。为了更好地了解受众对于不同类型 AI 主播的关注角度与期待，由于形容词更容易体现受众对于 AI 主播的情感态度与情感期待，因此，本文选取科技类、互联网类、社会类、娱乐类等四种话题类型下的受众评论进行分析，着重分析每种话题类型的形容词性词云图。

三、结果与分析

（一）微博用户情感特征：相关话题中正向情感明显

对有关 AI 主播的四类微博话题共 7079 条微博评论文本进行情感分析，统计各类情感倾向的微博数量并计算其占比。统计结果如表 2 所示。

表2 话题情感倾向

情感倾向	科技类	互联网类	社会类	娱乐类
正面	45.88%	52.97%	61.06%	86.60%
中性	9.00%	15.22%	6.77%	4.08%
负面	45.12%	31.81%	32.17%	9.32%

根据各类微博话题分析结果，在微博数量方面，各类微博话题评论总数差异较小，互联网类 AI 主播话题相关微博评论总数 1892 条，数量最多，其次是科技类、娱乐类、社会类。在各类情感倾向占比方面，对比分析了情感倾向占比高低排序，得知娱乐类 AI 主播应用领域的正面情感倾向最高，科技类 AI 主播应用领域的负面情感倾向最高，互联网类 AI 主播应用

领域的中性情感倾向最高；娱乐类评论正负情感差值最大，情感倾向波动大，科技类评论正负情感差值最小，情感倾向波动小；在四类话题中，正面情感倾向均大于负面情感倾向。

关键词词频统计体现了微博用户对 AI 主播相关话题的关注程度（表 3）。通过人工筛选去除无效、不相关结果（如"感觉""配图""可以"等无意义名词、动词），综合权重与频率进行排序，得到话题关注度排序。关注度最高的为词语"真的"，词频为 0.032716684，TF-IDF 为 0.031618741。

表3　话题词频统计

单词	词性	次数	条数	词频	TF-IDF
真的	副词	764	705	0.032716684	0.031618741
主播	名词	537	485	0.022995889	0.025953375
科技	名词	442	428	0.018927715	0.02238748
厉害	形容词	328	323	0.014045906	0.018325702
虚拟	动词	320	299	0.013703323	0.01833675
期待	动词	318	311	0.013617677	0.017990191
越来越	副词	255	242	0.010919836	0.015611426
直播	名 / 动词	251	236	0.010748544	0.015483248
真人	名词	250	240	0.010705721	0.015343745
发展	名 / 动词	236	233	0.010106201	0.014613867
失业	名词	219	207	0.009378212	0.014040892
主持人	名词	184	172	0.007879411	0.012427403
技术	名词	162	160	0.006937307	0.011158102
取代	动词	122	76	0.005224392	0.010076571

分析词频统计完整结果可以得知以下结果（图 1）：①在微博用户较为关心的 AI 主播形象特征中，频率由高至低依次有：真的、越来越、真人、智能、逼真、发达、高科技、表情、看不出来、假人等；②在与 AI 主播

相关可供参考的话题中，频率由高至低依次有：科技、虚拟、直播、发展、失业、主持人、技术、取代、志愿、改变、时代、帮助、快乐、下岗等；③在用户对 AI 主播的情感态度中，频率由高至低依次有：厉害、期待、支持、喜欢、加油、进步、不错、担心、神奇、有意思、很不错、很棒、强大、好看、实用、佩服等；④将结果中词性为形容词的词语进行筛选（其中也包括形容动词等），去除无意义、参考价值较低的词语，可以看到频率由高至低依次有：厉害、发达、快乐、不错、特别的、神奇、很不错、很棒、事业的、强大、重要、优秀等。

在话题随时间变化特征上，直播、失业、取代、科技、下岗、逼真、看不出来、表情、智能等词语频率上升幅度较大；冷冰冰、阴暗面等词语频率略有下降。

图 1　科技类、互联网类、社会类、娱乐类话题词云图

正面情感反馈出个体对于 AI 主播这一技术产物的积极向上的期待感；负面情感则充斥着个体对 AI 主播的质疑、担忧等不信任感。从内容上看，

积极情感的评论有一类主要集中于对 AI 主播的发展评价，例如"好像是真人，科技的伟大""这样的 ai 也太棒了吧，科技真的很创新了"。还有一类积极情感的文本内容是建设性意见，如对于 AI 主播真实度、仿真方向的建议与对于 AI 主播应用领域的期待，例如"好想在舞台上看到 AI 主播"。消极情感的评论杂糅了更多种情绪诉求，观点蕴含了恶、悲、怒、惊、惧等二级情绪，集中表现在对于 AI 主播真实度的恐惧、恐怖谷效应以及联系到社会性失业的方面，例如"直面下岗""细思极恐"等。

（二）受众评论与 AI 主播人格塑造

在 AI 技术的发展过程中，AI 主播的应用领域与场景实现了多样的变化。对于 AI 主播而言，技术型的搭建与设计能够展现其多样的外形特征，而这些外形特征又能够深层次地象征 AI 主播的人格特质。对于 AI 主播的应用而言，与受众审美相贴近的人格特质与外形特点是取得认同性的必要前提，受众在社交平台中的评论则能够在一定程度上体现受众对于 AI 主播的关注点与期望程度。在受众的观看之下，其评论的情感倾向与感知重心能够为 AI 主播的搭建产生积极影响，能够在不同领域与功能的 AI 主播设计过程中实现良好的投射效果。通过对四类微博话题中的评论进行分析，针对不同的 AI 主播应用领域，不同的词性能够体现受众在当下阶段对于 AI 主播的不同注意力与认知焦点，可以通过不同应用领域中的受众认知投射及评论，去探究 AI 主播在不同领域中的形象与人格搭建方向，以此更好地贴合受众的现代审美与需求，促进 AI 主播的更好发展。

在互联网场域中，受众能够通过 AI 主播的外部表现直接感知，并且将感知结果通过评论的方式进行表达。从受众角度出发可以增强研究的可操作性，本文根据受众的选择与接收的动机确定维度，对 AI 主播不同应用领域的适配形象进行探讨。

在互联网场域，受众的评论往往带有个人动机，而这种动机能够体现个体的期待方向。在与 AI 主播相关的话题评论中，动词及相关动名词有利于探究受众在不同领域中所期待的 AI 主播发展类型、作用与方向。

如图 2 所示，通过对四种话题的分析可知，在科技领域，受众较为关注 AI 主播在工作领域的影响，包括其自身的工作效率和导致的失业率；在互联网领域，受众更为关注 AI 主播能够给生活带来的改变、创新、革新等；在社会领域，受众较为关心的是 AI 主播能够带来的实用用途，在科普、帮助、分享等社会层面具有一定的期待度；在娱乐领域，受众更为明显地注重 AI 主播的多元化发展，更为期待其在娱乐领域带来的多样变化。在四类话题中，受众均关心 AI 主播能够对实际社会生活带来的影响，并且从多领域显示出对于 AI 主播的期待。

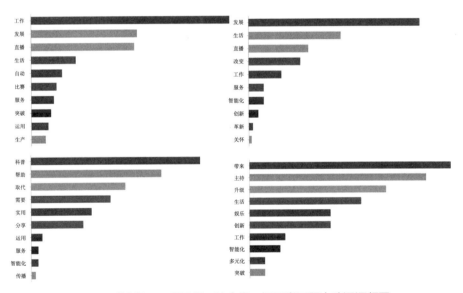

图 2　科技类、互联网类、社会类、娱乐类话题中动词词频图

虚拟主播的外显形式包括虚拟主播的容貌、表情动作、肢体动作、声音、服饰语言等。通过分析评论文本中的形容词性，有利于分析受众对于 AI 主播具体外显因素的评价，并且由此分析 AI 主播在不同领域中的人格搭建要素。

在 AI 主播的科技类应用领域，由前文情感分析可知，科技类 AI 主播应用领域的负面情感倾向最高，正负情感差值最小，话题中形容词性词频为：厉害、不错、发达、无异、不同、正确的、漂亮、强大、先进、恐怖、神奇、僵硬等（图 3）。

图 3　科技类 AI 主播微博话题词频分析结果

在科技应用层面，受众较为关心 AI 主播自身的发展情况，在眼见为实的现状下需要通过能见的条件去感知其先进程度。受众的注意力集中于其发音的正确率、表情僵硬程度、功能的强大与先进程度等，更大程度上较为关注随着 AI 技术不断发展下的 AI 主播的发达程度。在科技应用领域，受众会将 AI 主播与真人主播相对比，并且一部分受众由此会产生害怕的情绪。因此，在科技领域，AI 主播的应用与发展应该更加注重其形象与功能的先进程度、通过灵活的表情与手势等进一步推动科技领域的 AI 主播形象塑造。

在 AI 主播的互联网类应用领域，用户评论中中性情感倾向在四类话题中较为明显，话题中形容词性词频为：厉害、发达、不错、神奇、强大、优秀、广泛、惊艳、进步的、方便、特别的、流畅、成熟、生动的等（图 4）。

图 4　互联网类 AI 主播微博话题词频分析结果

　　在互联网应用层面，AI 主播更多地应用于互联网新兴行业与场景，与受众的在线需求相衔接，也体现出受众对于 AI 主播功能方面与外形方面不同的需求。通过微博受众评论发现，受众对于 AI 主播的期待更加偏向于方便、流畅、成熟、生动等形象与功能的塑造。在互联网平台中，AI 主播的功能随着受众的需求不断进步，其形象与功能需要依据受众在互联网平台的需求而做出相应调整。因此，在互联网领域，AI 主播的应用与发展应该更加注重语言的流畅性、外形条件的生动性，以及 AI 主播适用范围的广泛性，注重 AI 主播的功能性，以便能够给受众群体带来实际生活的便捷。

　　在 AI 主播的社会类应用领域，用户评论中正面情感倾向在四类话题中较为明显。话题中形容词性词频为：厉害、重要、发达、重要的、有用的、优秀、慎重、失业的、特别的等（图 5）。

　　在社会应用层面，AI 主播的应用场景较为多样，受众较为关注 AI 主播对于社会的推动作用，希望 AI 主播对社会实际具有协助作用。在科技应用领域，受众更容易将 AI 主播与真人主播相对比，而在社会层面上更为担心真人主播的下岗与失业率。因此，在社会领域，AI 主播的应用与发展应该更加注重 AI 主播实际功能的塑造，在 AI 主播功能中融入真人的功能与特征，并且使 AI 主播在高效处理社会性问题的过程中，能够具有成熟的处理能力与贴心的帮助能力，以此来弥补真人主播在解决社会实际问题中的不足之处。

图 5　社会类 AI 主播微博话题词频分析结果

在 AI 主播的娱乐类应用领域，用户评论中正面情感倾向比重最大，正负情感差值最大，情感倾向波动大。话题中形容词性词频为：厉害、快乐、发达、惊喜、特别的、尊重、尴尬、惊艳、准确、先进等（图 6）。

在娱乐应用层面，AI 主播被赋予了更加丰富的情感期待，受众对于 AI 主播的发展期待较高，正向情感明显，较为关注 AI 主播的对话性人格的塑造，对于 AI 主播的互动性要求较高，着重关注其工作的高效与准确程度。在 AI 主播逐渐尝试应用于娱乐领域的过程中，受众的质疑是存在的，但是更大程度上愿意尝试新型的主播形象，希望 AI 主播能够较好地完成真人主播的工作，更加关注实际对话过程中与真人的相似程度。因此，在娱乐领域中，AI 主播的应用和发展应该更加注重外在形象先进漂亮、工作高效、准确与言语风格有趣等，公众对于 AI 主播的外形与功能的期待度较高。

图6 娱乐类 AI 主播微博话题词频分析结果

结　语

随着虚拟成像技术的飞速发展，AI 主播被赋予了人格化的符号价值与形象价值，从非人化的机器他者转变为拥有完美拟态仿真的人格化数字人。"每一种新的科学技术在投入使用后，受众必定会产生一种想要自身情感与技术间加以平衡的反应。换言之，如果无法产生一种与之相对应的情感，这种新技术就会遭到人们的排斥。技术越高级，情感反应也就越强烈。"[①]在 AI 主播的建构过程中，AI 主播除了具备高精准不间断播报的能力、稳定的心理状态和强大的信息处理学习能力的形象标签之外，不同的人格标签往往能够适配不同的播报领域，这些个性化标签需从受众角度出发，使得受众的情感可以找到归宿、得到补偿，并满足认知主体的审美与心理预期，

---

① NAISBITT J.Megatrends：ten new directions transforming our lives［M］.New York：Warner Books，1982：215.

呈现出更加全面的 AI 主播人格建构视野。经过不断的变革、升级，媒介的功能一定会更加以人类的需求为出发点，更加满足人类的感官需要。无论是媒介的内部功效，还是其外部形式，必然会不断符合人类的审美特质①。

　　然而，本文在研究过程中也存在一些不足，在分析新浪微博话题信息的过程中，收集的数据较少，具有一定的局限性，希望后续研究可以针对 AI 主播的人格建构的应用分析、实证方法等方面展开更加深入、客观的讨论。

---

① PAUL L. Human replay: a theory of the evolution of media [D]. New York: New York University, 1979: 320-332.

爱思唯尔人工智能应用学术出版同行评议的实践及启示

闫玲玲　李一凡

摘要：近年来，在学术出版同行评议领域，审稿人越来越难以应对大幅增长的投稿量，国际大型学术出版商爱思唯尔（Elsevier）将人工智能技术应用于同行评议审稿领域来解决这一问题。本文梳理爱思唯尔将人工智能应用于学术出版同行评议的实践：一是匹配审稿人；二是合规性检测；三是学术质量评估。可以看出人工智能应用于同行评议审稿的优势与劣势明显，优势主要为节省审稿人时间，提升审稿效率和质量；劣势主要包括：准确性有待提高，算法加剧同行评议的偏见，算法黑箱加剧人们的不信任感以及隐私被侵犯的风险。由此提出对我国学术出版领域的经验借鉴与启示：审稿人拥有最终决策权，审稿人匹配应用人工智能仍存困难，决策支持与深度剽窃检测大有可为。

关键词：人工智能；同行评议；爱思唯尔；学术出版

人工智能是被用于模拟、延伸和扩展人的智能的理论、方法、技术及应用的技术科学，是研究如何使计算机完成以往只有人类才能完成的需要高智能的工作。①2019 年 6 月，中国正式进入 5G 时代，人工智能被广泛应用。在出版领域，从选题到营销、从编辑到读者，人工智能全方位地改变着出版流程与出版生态环境。

　　学术出版的同行评议制度是评议专家系统地以判断标准进行期刊内容质量控制的重要制度，主要对科学文稿是否可以发表进行评价，其目标是提供公正、高效的评审意见。②近年来，学术论文产出大幅增长，但同行评议审稿人队伍的扩充却远跟不上学术论文的增长速度。据统计，许多化学领域的期刊在 2018 年中期的时候便已收到了全年发文量 3—4 倍的稿件，编辑初审可能需要 2—3 个月，而之后的审稿人审阅也需要 2 个月左右的时间。③雪上加霜的是，20% 的科学家却承担了大多数的同行评议工作。④如何高效、快速、科学地审阅学术论文成为亟待解决的问题，而将人工智能应用于同行评议审稿是破题的重要路径之一。

　　爱思唯尔为全球专业从事科学与医学的信息分析公司，旗下拥有多种期刊，大部分期刊都被 SCI、SSCI 和 EI 收录，在 51 个领域中排名第一，影响因子排名世界第一，是全球重要的学术出版机构。作为全球知名的学术出版机构，爱思唯尔早在 20 世纪 90 年代便开始了数字化发展，近十几年来，又探索将人工智能技术创新应用于出版领域，卓有成就。本文总结并借鉴爱思唯尔的经验与教训，助力我国学术出版在 5G 时代下的进一步发展。

---

① 曹承志 . 人工智能技术［M］. 北京：清华大学出版社，2010：1-2.

② 张彤，周云霞，蔡斐，等 . 学术期刊同行评议的历史演进［J］. 中国科技期刊研究，2019，30（6）：588-595.

③ X-MOL.AI 审稿离我们还有多远？［EB/OL］.（2018-12-15）［2022-12-30］. https://www.x-mol.com/news/15611.

④ HEAVEN D.AI peer reviewers unleashed to ease publishing grind［J/OL］.Nature，2018，563（7733）：609-610［2022-12-30］.https://www.nature.com/articles/d41586-018-07245-9.

一、人工智能在同行评议审稿中的应用

人工智能可以对人的意识和思维过程进行精确的模拟，能像人一样思考。[①] 目前，人工智能应用于同行评议审稿，主要集中在三个方面。一是对于期刊、审稿人的匹配。依托自然语言处理等技术，迅速理解论文核心，与数据库中已有论文进行比对，迅速匹配合适的期刊与审稿人。二是对于论文合规性的检测。不仅能够检测常见的报告错误、引用和统计信息等，还能够深度理解上下文语义和情境，对于同义词替换等剽窃行为也能够进行深度的检测。同时还能够对于常见基本信息等进行检测，主要包括与审稿人利益是否冲突、图稿质量以及描述性统计、t 检验和 p 值检验等统计学错误。三是对于论文学术质量的评估，判断其是否适宜发表。[②]

（一）匹配审稿人

在传统学术出版流程中，编辑是连接作者稿件和审稿人的桥梁，所倚仗的是编辑的经验与判断。在稿件迅速增长的时代，编辑无法应付大规模的稿件匹配，在现实需求与技术发展的双重刺激下，人工智能逐渐代替编辑进行稿件与审稿人的匹配。爱思唯尔以"专家查找"的方式重新推出"审稿人查找器"，致力于稿件与审稿人的精准匹配。"专家查找"依托爱思唯尔的 Fingerprinting 算法，基于爱思唯尔旗下 Scopus 超过 5700 万条记录的引用数据库，从跨学科的约 1500 万作者档案中找到相关审稿人。除此之外，按主题领域搜索，可以为期刊或杂志找到合适的作者和审稿人。最终，

[①] 张勇，王春燕，王希营. 人工智能与学术期刊编辑出版的未来［J］. 中国编辑，2019（4）：64-68.

[②] SCHULZ R，BARNETT A，BERNARD R，et al.Is the future of peer review automated? ［J］.BMC research notes，2022，15（1）：203.

"专家查找"为爱思唯尔建立了数量可观的审稿人数据库。[1][2]

（二）合规性检测

合规性检测主要是考察论文是否符合规范要求，主要包括学术规范（剽窃、数据造假和图片造假等）、道德规范（知情同意、伦理声明等）和期刊要求（格式规范、开放数据政策等），是目前人工智能应用于同行评议审稿中的最为常见、成熟的领域。在学术论文同行评议中，合规性检测大多机械枯燥又耗时耗力，而人工智能不会疲劳，因而逐渐代替审稿人执行这一部分评议工作，并为审稿人提供决策支持，帮助审稿人迅速对文章做出评议。其中，统计学错误检验是人工智能提高同行评议审稿效率的又一着力点。发表的研究往往受到统计错误的困扰，如统计方法的错误选择、统计技术的错误选择等，并且大多数同行评审员并不具备专业的统计学知识，仅有少数期刊（通常为顶级学术期刊）会聘请专业的统计学家协助审稿过程。

爱思唯尔已有的决策支持主要集中于文章格式、学术规范和文章规范等合规性检测方面。爱思唯尔旗下的同行评议管理系统 Aries Systems 开发出"编辑经理"（Editorial Manager）来进行手稿提交和同行评审跟踪。编辑经理提供强大的决策支持工具，包括抄袭检测、相似性检查、图稿质量检查、与审稿人有无利益冲突和身份检查等方面，审稿人在检测结果的基础上对稿件的学术价值做出判断。此外，蒂莫西·侯勒（Timothy Houle）博士和他的合作者运行数千种算法研发程序，研发出 StatReviewer 系统，可用于检测不同类型报告中的统计错误，包括报告中的描述性统计

---

① 参见 Elsevier 官方网站：https://www.elsevier.com/solutions/expert-lookup/features。

② 参见 Elsevier 官方网站：https://www.elsevier.com/zh-cn/solutions/expert-lookup。

和 t 检验等。[1][2]StatReviewer 自动生成标准化的报告，帮助审稿人在正式开始审稿之前便可以发现文章中的错误，节省时间，提高效率。除此之外，StatReviewer 使用数千种算法扫描原稿，找到文章段落中残缺的部分，如在某些句子中作者并未定义主要结果，这类句子将被视为不完整的句子。总体看来，StatReviewer 取代了审稿人对涉及统计学内容方面的稿件评议，并试图通过模仿审稿人生成与同行评审一样的报告。同时，在编辑经理 15.0 版中，将 StatReviewer 也纳入其中，进一步整合决策工具。目前，编辑经理涵盖 6700 多种期刊和数百万的注册用户。[3]

为此，需要注意的是，美国盛行实证主义研究，统计学方法被广泛应用于社会科学领域的论文写作，而中国则不然，更倾向于思辨性的论文写作，因此，这一技术在中国的应用前景恐怕不如在西方广阔。

（三）学术质量评估

在为审稿人提供决策支持之外，人工智能还能够独立对学术论文进行学术方面的评估，包括考察稿件的学术价值、严谨性、创新性与应用价值等。目前，爱思唯尔开始涉及自然语言处理和深度学习，目标是令人工智能拥有完全理解论文的能力，代替同行评审的审稿人。为此，爱思唯尔与英国伦敦大学的博士后伊莎贝尔·奥根斯坦（Isabelle Augenstein）签订了两年的合约，委托其为爱思唯尔研发人工智能同行评审。[4]

而爱思唯尔全球最大的竞争对手科睿唯安（Clarivate）旗下的 ScholarOne

① 参见 StatReviewer 官方网站：https://www.ariessys.com/?s=StatReviewer。
② 参见 StatReviewer 官方网站：http://www.statreviewer.com/。
③ 参见 Aries Systems 官方网站：https://www.ariessys.com/software/editorial-manager/。
④ 范军，陈川. 人工智能在欧美学术出版领域的应用及其启示［J］.河南大学学报（社会科学版），2020（1）：144-149.

投稿评议平台学术出版商已开始应用人工智能进行稿件的语言处理，虽然目前仅充当了审稿人助手的角色，还未代替审稿人。2018 年，ScholarOne 与丹麦的 AI 技术公司——UNSILO 达成合作。根据 UNSILO 网站提供的信息，该软件目前已完成了对 PedMed Central 的机器学习，未来会进一步抓取 Web of Science 上的内容深入应用。UNSILO 的工作原理是采用语义分析方法从稿件中提取主要观点来总结论文内容，尤其是作者结论和文章中可能包含重大发现的语句。而审稿人只需要阅览由 UNSILO 提取出的观点进行稿件评阅即可，可以不需要再阅读论文全文，能够节省审稿人的大量时间，提高效率。UNSILO 的销售主管尼尔·克里斯滕森（Neil Christensen）表示，它比让作者自己提交关键词的传统方法要好，对文章的概括性更高。[1]

从本质上来看，合规性检测更多的是一种"决策支持"，仍是一种人机协作模式，"人"仍占据着主导地位。核心是最大限度地解放审稿人除学术价值判断外所有不必要的脑力付出，这是建立在人的情感、决策和判断无法被人工智能所取代且更高级的基础之上。进一步地，爱思唯尔还将探索"人工智能神经科学"（AI neuroscience），即创建工具来观察深度学习模型的"黑盒"，探究个人决策是如何做出的[2]，一旦"人工智能神经科学"取得突破性进展，人类所骄傲的"判断力"被人工智能所取代，或许同行评审这样的义务性劳动将会消失。

---

① HEAVEN D.AI peer reviewers unleashed to ease publishing grind［J/OL］.Nature，2018，563（7733）：609-610［2022-12-30］.https://www.nature.com/articles/d41586-018-07245-9.

② 白可珊.爱思唯尔未来十年转型新方向 开发数字决策工具［N］.中国出版传媒商报，2014-08-26（6）.

二、人工智能应用同行评议审稿的优势与劣势

（一）人工智能应用同行评议审稿的优势

人工智能应用同行评议审稿的优势非常明显，能够节省审稿人的时间，并在一定程度上减少由于裙带关系等带来的偏见问题，提高审稿效率和审稿质量。在匹配审稿人上，人工智能应用同行评议审稿能够快速、精确地匹配审稿人，减少时间浪费，甚至能够提高匹配质量。我国国家自然科学基金推动基于人工智能方法的评审专家指派，2020 年试点结果显示，与人工遴选评选专家的方式相比，人工智能自动指派遴选的专家对申请书研究方向的熟悉度高 3.2%，拒评率低 0.7%。[①]

在合规性检测上，人工智能应用同行评议审稿能够部分或全部取代人工检测，提高检测效率。如深度剽窃检测，据撤稿观察网站统计，从 2012 年至 2018 年，因"同行评议造假"问题，全世界被撤稿的论文超过了 500 篇。[②] 而 2014 年日本小保方晴子学术丑闻事件、2019 年中国翟天临博士论文造假抄袭事件等，都为个人和国家带来了巨大的损失。在传统的剽窃检测中，存在着两个问题：一是当作者改换抄袭顺序、换用同义词时，机器便无法准确识别抄袭现象；二是图片查重一直是文献查重的死角，至今仍只能依赖于人工查重，因此如 *Nature* 等期刊采用随机抽取的方式进行检测。弥补这两方面的不足将进一步提高论文的剽窃检测率，及时止损。而目前 AI 图像检查高效且低廉，计算机比人类视觉更有优势，它不仅不会

① 李东，郝艳妮，彭升辉，等.人工智能技术在科学基金项目管理中的实践与探索［J］.中国科学基金，2022，36（5）：790-797.
② 徐丽芳，王钰.开放科学的挑战与因应：2017 年海外科技期刊出版动态研究［J］.科技与出版，2018（2）：13-21.

感到疲倦，运行速度也会更快，而且也不会受到大小、位置、方向、重叠、部分复制和这些因素组合的影响。2017 年，来自纽约的机器学习研究者丹尼尔·阿库纳（Daniel Acuna）研发出一种机器学习算法来应对图片查重。具体来看，阿库纳从美国国立卫生研究院 PubMed 数据库中的 76 万篇文章中提取出 260 余万张图片，用该算法放大了特征最为显著的区域，然后提取每张图像的特征数字"指纹"。检测结果显示，即使将图像旋转、调整大小等，系统仍然可以识别抄袭状况。[①] 虽然爱思唯尔仍在测试 AI 图像检查辅助工具，但旗下一些期刊已经开始组合使用软件工具和人工分析来检查图片。随着人工智能自然语言处理技术的发展，论文剽窃现象将越来越无所遁形。

人工智能应用于同行评议审稿还能够有效减少评议中的偏见。首先，不少论文作者为了论文能够发表，会利用私人关系影响审稿人评审，产生不公正的结果。瑞士国家科学基金会要求申请者提供能评审其项目的专家，发现由申请者推荐的评审人比由基金会选择的评审人更倾向于支持某个项目。其次，审稿人也会受到学科领域等先入为主偏见的影响。如领域内有影响力学者的论文更容易获得审稿人较高的评价。海德格尔曾说，技术已成为现代人的历史命运。面对稿件爆发式增长的现实状况，学术出版机构不得不创新以对。从爱思唯尔、科睿唯安等国际大型学术出版商对于人工智能的投入来看，人工智能应用于同行评议审稿的优势明显，应用人工智能技术不失为一条较为可行的解决之道，可以预见，这一技术未来将得以普遍应用。

（二）人工智能应用同行评议审稿的劣势

1. 准确性有待提高

人工智能应用于同行评议审稿的准确性有待提高，尤其在学术质量评

---

① BUTLER D.Researchers have finally created a tool to spot duplicated images across thousands of papers［J］.Nature，2018，555（7697）：18-19.

估这类具有创造性的审稿评议上，因此目前人工智能无法完全取代人工同行评议审稿。如人工智能在自然语言的识别上还有很大的不足。斯坦福大学名誉计算机科学家特里·维诺格拉德（Terry Winograd）曾举过一个经典的例子："市议会拒绝给示威者许可，因为他们担心暴力"，在这一句子中，动词"担心"的主语是"他们"，指代的是前面的"市议会"，而"暴力"的主语是"示威者"。人类能够很快明白各动词所指代的主语，但计算机大脑可能会花费经年累月的时间也难以明白动词的指向。[①] 而学术论文的逻辑性则要求更高，同行评审需要有超越文章本身思考的能力才能够给出评审意见。从这一点上来看，人工智能完全取代同行评议审稿还为之过早，除非如俄勒冈州立大学人工智能研究员汤姆·迪特里奇（Tom Dietterich）所言，人类完全格式化自己的行为以被人工智能更好地理解。

2. 算法加剧同行评议的偏见

首先，人工智能决策的内在过程为：原始数据—机器学习—算法模型—最终决策，而人工智能算法由人类开发，人类的价值观、偏见都会影响对于人工智能学习数据的选择，进而造成人工智能的偏见，如性别歧视。美国劳工局数据显示，女性员工在科技界仅占比20%—30%，因此在人工智能的开发中，女性的看法与观点较少被展现，如在自然语言处理（NLP）中，人工智能常常将"医生"与男性相连，而将"护士"与女性相连，形成性别刻板印象。在人工智能不断的训练与学习中，这种偏见与刻板印象被不断固化、放大乃至延续。其次，用于训练人工智能的数据集可能本身便存在偏见。如海量的数据集中可能不乏学术价值低或者极端观点的数据，数据集中可能本身便缺少某些数据等，都极易造成人工智能的偏见。人工智能应用于同行评议需警惕偏见加剧的负面后果，如何让人工智能学习到

---

① HEAVEN D.AI peer reviewers unleashed to ease publishing grind［J/OL］.Nature，2018，563（7733）：609-610［2022-12-30］.https://www.nature.com/articles/d41586-018-07245-9.

"正确的价值观"是未来应为之努力的方向。

3. 算法黑箱加剧人们的不信任感

随着技术的不断发展进步,"算法黑箱"日益形成。算法黑箱指的是"算法运行的某个阶段所涉及的技术繁杂且部分人无法了解或得到解释"。算法黑箱的形成原因主要有"算法技术的复杂性、相关法律政策的缺乏、算法素养的限制、技术公司公开算法动力不足以及算法安全维护"等。[①] 人工智能应用于同行评议审稿,尤其是在学术质量评估上,大部分用户很难理解其评估逻辑,容易产生不信任感,从而难以使用人工智能进行同行评议。2021 年,卡内基梅隆大学(Carnegie Mellon University)的研究人员创建了 ReviewAdvisor 论文评议系统,只要上传 PDF 格式论文便能自动生成论文评审结果。ReviewAdvisor 的使用方法简单,承担的却是具有创造性的评审工作,没有相关专业知识的用户很难完全理解系统的运作原理。李东等甚至专门写了一篇学术论文来阐述人工智能如何应用于我国国家自然科学基金委员会的同行评议,可见其技术复杂性。[②]

4. 面临着隐私被侵犯的风险

人工智能的数据采集和应用是侵犯用户隐私的重灾区。2021 年 9 月 21 日,爱思唯尔在推文中声称自身除了是出版商,还提供"知识和分析"服务,而分析的数据来源无疑是用户在爱思唯尔上的行为数据。进入互联网时代,隐私保护屡屡成为悖论,像是绳结的两端在不断角力:一端是人们对于自身隐私泄露的担心,另一端则是人们对于便捷生活的需要。但人工智能提供便捷生活的基础是用户自身的隐私数据,通过收集大量的用户数据形成用户画像从而提供个性化的服务。在匹配审稿人方面,用户往往

---

① 谭九生,范晓韵.算法"黑箱"的成因、风险及其治理 [J].湖南科技大学学报(社会科学版),2020,23(6):92-99.

② 李东,郝艳妮,彭升辉,等.人工智能技术在科学基金项目管理中的实践与探索 [J].中国科学基金,2022,36(5):790-797.

需要上传大量的隐私信息从而获取精确的匹配结果。近年来，全球论文投稿量大幅上升，而期刊发表论文量增长远低于论文投稿增长，国际科学技术和医学出版商协会（International Association of Scientific Technical and Medical Publisher）报告显示，2018 年科研人数为 700 万—800 万，但 2018 年全球论文发表量仅为 300 万篇①，"僧多粥少"的局面一直未得到有效改善，用户只能大规模多期刊投稿。换言之，出版商收集用户隐私数据的成本低廉甚至还能利用数据谋利，而用户则不得不付出较高的隐私代价来换取服务。

三、对我国学术出版同行评议应用人工智能的启示

2017 年 7 月，国务院印发《新一代人工智能发展规划》，将发展人工智能技术提升到国家战略层面，把握发展机遇。2021 年 3 月，国家"十四五"规划明确指出要培育壮大人工智能、大数据等新兴数字产业。在学术出版领域，要主动贯彻落实国家政策方针精神，主动把握人工智能发展的重大战略机遇。爱思唯尔将人工智能应用于同行评议案例的经验与教训为我国学术出版同行评议带来了诸多启示。

1. 审稿人拥有最终决策权

目前人工智能无法取代人工同行评议审稿，最终决定权仍在审稿人手中，人工智能更多的是协助审稿人进行决策，而非自己成为审稿人。爱思唯尔应用人工智能进行同行评议审稿主要可总结为三种模式。一是完全依靠人工判断的模式，如对于稿件学术价值的判断。虽然学术出版商已进行了相关方面的探索，但前文已述及，人工智能对论文学术价值评估的应用尚未成熟，不少论文在学术价值的评估上仍主要采用完全人工判断的模式。二是人机协作的模式，如人工智能在统计学检测等方面提供决策支持。三

---

① 范军，陈川. 人工智能在欧美学术出版领域的应用及其启示［J］. 河南大学学报（社会科学版），2020（1）：144-149.

是人工智能完全代替的模式，如在检测格式、错字等方面。人工智能技术应用于同行评议审稿还不甚成熟，无论是 StatReviewer 抑或是 UNSILO，对人工智能的应用更多地集中在为审稿过滤出机械性、明显的错误，以令审稿人能够专注于论文本身的学术价值判断。期刊 *eLife* 的负责人认为专家的人工判断更为重要，因此并不考虑应用人工智能技术，同时，人工智能技术在应用于学术出版时所犯的错误加剧了人们的不信任感。如兰德欧洲公司得出结论：虽然基于算法匹配审稿人很有吸引力，但在人工智能阶段，它可能达到的目标是有限的。鉴于此，同行评议最终的决策权仍在审稿人手中。英国出版人顾问大卫·沃洛克（David Worlock）在见过 UNSILO 的展示后指出："它并不会取代编辑的判断，但是它让编辑的工作变得更容易了。"[1] 学者彭兰指出，从人工智能的角度来看，人与机器可以构成同一个系统，包括"人体"这个系统。简而言之，目前人工智能更多的是充当了审稿人"秘书"的职责，而这或许暗示着人机协作在未来将成为主流趋势，我国学术出版商可在此方面着力。[2]

2. 审稿人匹配应用人工智能仍存困难

人工智能应用于审稿人匹配近些年可能在中国很难有较大突破。原因可能有三点：一是中国的期刊或杂志是否有此需求。需求的增长是刺激技术进步的动因之一，审稿人匹配是国外期刊或杂志应对激增的投稿量的应对之道。Scopus 是全世界最大的摘要和引文数据库，涵盖了 15000 种科学、技术及医学方面的期刊。也正因如此，爱思唯尔有着世界上最大的审稿需求，需要引入人工智能技术来提高审稿效率。虽然据美国国家科学委员会发布的《2018 年科学与工程指标》报告，中国已经超过美国首次成为世界

---

① HEAVEN D.AI peer reviewers unleashed to ease publishing grind［J/OL］.Nature，2018，563（7733）：609-610［2022-12-30］.https://www.nature.com/articles/d41586-018-07245-9.

② 王蕊，汪平松，李宗伦.人工智能浪潮下出版新生态及融合再造研究［J］.中国编辑，2018（8）：17-20.

最大论文产出国。但这些论文是否内化为国内期刊或杂志的投稿，尚未可知。二是中国的期刊和数据库各自独立。中国最大的学术论文数据库为知网，但与国外不同的是，知网仅仅收录期刊论文，并不拥有期刊，而人工智能进行审稿人匹配不得不依赖大型数据库进行深度学习，合作虽为一种解决方法，但其中利益的分配、资源的接入可能会为二者的合作带来诸多困难。三是资金的限制。爱思唯尔作为国际大型出版商，财力雄厚，可通过合作或收购与相关人工智能技术公司达成合作，而中国的学术出版大多为独立的期刊或杂志社，与其开发系统，也许不如人工效率更高。在相关技术尚未完善、各项条件尚未成熟之前，追上国际先进步伐、进一步发展受到限制。

3. 决策支持与深度剽窃检测大有可为

借鉴爱思唯尔，在提供决策支持和深度剽窃检测方面，我国学术出版商还大有可为。相比于期刊、审稿人匹配方面的需求，我国期刊或杂志社对于决策支持和深度剽窃检测的需求更高。目前，我国学术出版商在文章质量和格式规范等方面开始探索应用人工智能。阅文集团在编辑环节借助知识图谱和机器学习技术，结合专业知识、自然语言和政策法规等内容进行软件设计，提高了部分主题文本的审稿效率。"黑马校对"软件通过对大量分类语料中的上下文和语句关系进行量化的统计、分析、提炼，并采用汉字高精度快速切分、深度学习等新技术生成语言模型和依存分析算法。[①]未来，我国学术出版商在文章格式、学术规范和文章规范等方面，可进一步借鉴爱思唯尔，开发出一整套类似"编辑经理"的稿件追踪系统，减少审稿人工作量，提高审稿效率。

总体看来，学术论文暴涨的现实需求迫使学术出版商进行创新，人工智能应用于同行评议审稿是解决问题的有效路径之一，尤其是采用人机协

---

① 白贵，王太隆.人工智能环境下编辑角色的再定位［J］.中国出版，2019（11）：5-9.

作的方式。以爱思唯尔为例，人工智能已应用于学术出版同行评议多个方面，优劣势明显，因此在实际中应用仍应多加考虑。从我国学术出版的现实状况来看，目前大规模应用人工智能技术对论文学术价值进行评估尚有难度，但在决策支持和深度剽窃检测方面值得深耕。我国国家自然科学基金委员会表示，已采用人工智能来推荐评审人，智能评审系统一个月能匹配 90% 的评审人，显著地提高了评审效率。[①] 从长远来看，大型数据库与大型期刊或杂志合作联盟将是发展趋势，至那时，大型的人工智能评议系统也将应运而生，人工智能将深入应用于同行评议审稿中。

① CYRANOSKI D. Artificial intelligence is selecting grant reviewers in China［J/OL］.Nature，2019，569（7756）：316-318［2022-12-30］. https://www.nature.com/articles/d41586-019-01517-8.

国家治理体系语境下海洋环境传播中新型主流媒体的建设性研究

赵　杨　王水宁

摘要：随着国家治理体系建设的推进和媒介环境的重构，新型主流媒体已逐渐成为海洋环境传播中的重要枢纽。本文通过实证研究方法探究在海洋环境传播中公众对新型主流媒体媒介角色与功能的需求与期待。在此基础上，提出新型主流媒体应在建构开放协作的透明化信息平台、发挥调节功能强化机构信任、表达海洋环境正义诉求、推进海洋环境倡导活动四个方面进行建设性转向。

关键词：媒介治理；海洋环境传播；善治；新型主流媒体；建设性转向

引　言

21 世纪以来，社会风险的复杂表征和高科技的急速发展所带来的不确定性、动荡性、模糊性将人类带入了乌卡（VUCA）时代。在此背景下，赤潮、海洋溢油、海洋污水排放、海洋微塑料污染等问题已成为全球亟待解决的海洋环境传播治理新难点。

在当下中国，主流媒体与海洋环境传播治理在乌卡时代呈现出有机的勾连与耦合。作为一种新型的民主治理模式，"善治"的理念与模式为国家治理体系所倡导。善治破除了传统管理思维下政府作为社会公共事务处理的绝对力量的思想桎梏，提出建立以政府为主导力量、社会各界为主体力量协同参与的治理模式。它的核心价值在于将政治国家和公民民主相结合，以实现海洋环境传播决策的最优化和公共利益的最大化。中国共产党第二十次全国代表大会会议报告从国家战略高度阐释了媒介治理的逻辑理路与深刻内涵，提出建构适应新媒体时代的新型主流媒体和全媒体传播体系，夯实舆论引导主阵地和意识形态主战场。新型主流媒体作为当今中国最重要的媒介，为旨在协同参与的海洋环境传播善治创造了现实的契机，成为国家治理体系中的关键一环。在海洋环境"善治"的过程中，新型主流媒体应通过建设性转向，发挥自身媒介效应，成为海洋环境治理的重要纽带和关键性沟通工具，建构全媒体传播体系和主流意识形态宣传体系，推动国家治理体系高质量发展。①

但就近年来海洋环境治理中的热点事件来看，现实场景中的新型主流媒体在海洋环境善治中发挥的媒介作用相当有限。当下，新型主流媒体对于自身媒介角色与功能的认知尚存在不足。随着媒体深度融合不断推进，新型主流媒体在海洋环境传播中扮演着更为重要的角色，但因受制于海洋环境传播演化的复杂性并不能做到实时播报、及时告知，因此常常引起公众对信息发布滞后与缺失的不满。公众虽然在新型主流媒体上享有了一定的表达权，但新型主流媒体通常还是选用专家知识作为解读和阐释海洋环境传播问题的主要依据，很少能够真正开通言路、采信公众在线建议。诉求的不满、海洋环境传播的认知差异、圈层化效应又时常叠加，引发公众

---

① 毕蓓，潘慧瑶，陈峰，等.基于异构图注意力网络的微博谣言监测模型［J］.
计算机应用，2021，41（12）：3546-3550.

对权力与决策共谋的猜疑，导致公共决策备受质疑。

因此，充分理解海洋环境善治中媒介功能主义的倾向与异化，探究公众对新型主流媒体在海洋环境传播治理中媒介角色与功能的需求和期待，就此以建设性思维为导向，重新审视新型主流媒体在海洋环境善治中的功能与作用，对于促进国家治理体系发展具有积极的现实意义和理论价值。

一、文献综述

（一）新型主流媒体与海洋环境传播

从传媒体制来看，我国的主流媒体主要由行政选择。在新媒体对传统媒体冲击日益加深的环境中，我国新型主流媒体建设在坚持行政选择机制的前提下，适当地嵌入市场选择机制，从而更好地激发新媒体的活力。[①] 国内有学者对新型主流媒体的概念进行辨析：新型主流媒体具有一个前提，即互联网形态；两个维度的概念，即传播主流价值观的媒体和具有强大影响力的媒体。[②] 打造新型主流媒体、重塑传统媒体话语权是实现国家治理体系和治理能力现代化的首要任务。发展新型主流媒体更是媒体融合题中之义，自"媒体融合"概念提出以来，传统媒体和新兴媒体在内容、渠道、平台、经营、管理等方面深度融合，着力打造形态多样、手段先进、具有竞争力的新型主流媒体，建成拥有强大引导力、传播力、公信力和影响力的新型媒体集团，形成立体多样、融合发展的现代传播体系。近年来，我国新型主流媒体不断加大环境新闻报道力度，以丰富的形式引导呼吁公众

---

① 申恩平，马凤英. 社交媒体对知识分享的影响作用研究［J］. 情报理论与实践，2018，41（3）：106-110，135.

② 刘帅，李坤，王凌峰. 从主流媒体到新型主流媒体：概念内涵及其实践意义［J］. 新闻界，2020（8）：24-30.

关注生态环境并进行积极的环境保护行动，但极具未知性与危害性的海洋环境风险事件也急需引起关注。而从目前研究现状来看，我国关于海洋环境的分析研究多以框架理论和对策分析为主，主要着眼于石油泄漏、赤潮等传统海洋环境风险事件，研究议题较为局限。本文将视角聚焦在海洋环境传播领域，以期为我国新型主流媒体的海洋环境传播研究尽绵薄之力[①]。

（二）媒介善治的建设性话语转向

随着数字技术发展，海洋环境传播的治理场域已实现由现实世界转向虚拟网络空间。国内学者一般从两个维度对媒介在国家治理实践中的作用进行研究[②]：一是将媒介视作民主的平台或者中介，这种认识是将媒介与媒介机构都视作具备自主性乃至自治性的力量；二是将媒介视为国家政治体系的重要组成部分，主要是研究媒介作为一类工具如何贯彻落实党和国家的政治意图及体系意志。我国的媒介治理依然面临很大的困境，即主流媒体的权威性被消解。国内媒介治理的研究路径大多着眼于媒介功能的发挥[③]，即将媒介治理理解为"媒介参与治理"[④]。而在媒介参与社会治理的体系中，主流媒体至少要扮演三重角色："作为社会治理手段""作为社会治理对象""作为社会治理主体"。新型主流媒体通过建构主流公共平台、设置主流算法、打造主流流量产品，建构神态一致、形态各异、话语多元、业态兼容的新传播体系，打通不同路径依赖的受众群与用户群，进而增强

① 漆亚林，孙鸿菲.新型主流媒体在环境传播中的话语建构：基于人民日报官方微博的话语分析［J］.中国记者，2022（9）：63-69.
② 龚梦慈，郭林.重大突发事件背景下媒介治理的新范式：反思"新闻自由"背后的乱象［J］.新闻爱好者，2022（9）：54-56.
③ 丁柏铨.重大突发性公共危机事件媒介化治理研究［J］.编辑之友，2022（8）：5-15.
④ 罗昕.媒介化治理：在媒介逻辑与治理逻辑之间［J］.湖南师范大学社会科学学报，2022，51（5）：1-11.

传播力、引导力、影响力和公信力。我国许多新型主流媒体在承担舆论工作之外，积极自我赋能和延伸服务领域，开发智慧城市、电子商务、知识生产等多种功能①，通过充分开展并运用新型功能，加快推进国家治理体系和治理能力现代化②。

"媒介善治"是"泛传播危机"的一种理想的信息传播模型③。信息和通信技术的发展在改变信息传播和共享方式，促进民主、公开，缩小"数字鸿沟"的同时，也可以成为一种政治控制、社会操纵和危机传播的表征。因此，"媒介治理"需要通过多方力量的协同参与，实现"媒介善治"的目标。近年来，学者们从建设性思维角度，就媒介如何在国家环境治理中促进环境传播主体的观念转变④、环境议题叙事与修辞调性的调整⑤以及如何促进环保社会动员方面进行了探索与阐释。

综上所述，前述研究丰富了我们对于新型主流媒体与海洋环境传播的认识。但是，当前既有研究在海洋环境传播善治中如何运用新型主流媒体发挥社会整合功能方面尚缺乏相关研究。因此，本文从建设性思维出发，采用定性与定量研究相结合的方法，就公众对新型主流媒体在海洋环境传播善治中媒介角色与功能的期待及转向要求进行实证研究。在实证研究的基础上，探究新型主流媒体在海洋环境传播善治中的建设性转向，以期对海洋环境传播善治起到积极的推进作用。

---

① 黄丹琪，陈昌凤.新型主流媒体深度融合建设路径探索：以新闻行动者网络为框架［J］.电视研究，2021（4）：7-11，16.
② 栾轶玫.从市场竞合到纳入国家治理体系：中国媒介融合研究20年之语境变迁［J］.编辑之友，2021（5）：13-25.
③ 郑恩，杨菁雅.媒介治理：作为善治的传播研究［J］.国际新闻界，2012，34（4）：76-83.
④ 漆亚林，刘静静，陈淑敏.建设性新闻视域下环境传播的话语转向［J］.中州学刊，2021（7）：158-165.
⑤ 庄金玉，樊荣.主流报纸气候变化报道的建设性叙事话语研究［J］.西南民族大学学报（人文社科版），2020，41（8）：150-154.

二、研究方法及数据分析

在海洋环境传播事件的传播互动过程中，新型主流媒体的角色逐渐从中介角色向建构性角色转变，其媒介功能也显现出多元复合化的特征。但当前，新型主流媒体对此认识仍有不足，没有充分发挥自身的媒介效应。本文针对该问题进行实证研究，通过滚雪球抽样的方法寻找采访对象，采用半结构化"深度访谈"和"内容分析"的研究方法对接触微信、新浪微博、抖音、今日头条的 18 位普通公众和 3 位海洋环境研究专家进行深度访谈，每次访谈时间约为两个小时，并在受访者同意的情况下进行录音。借助 NVivo12 软件，对新型主流媒体的媒介功能进行探究，主要讨论的问题如下：

（1）新型主流媒体是否是公众参与海洋环境传播事件议题最主要的媒介渠道？

（2）在海洋环境传播中，公众对新型主流媒体的媒介信任程度如何？

（3）通过新型主流媒体信息接触，公众的海洋环境传播知情权是否得到满足？

（4）从使用与满足角度出发，公众对新型主流媒体在海洋环境传播治理中媒介角色与功能的期待有哪些？

（一）研究方法

首先，就受众对于海洋环境传播事件新闻的关注程度等内容进行分析，对访谈内容进行编码，采用开放式编码进行一级编码。本文的分析对象是 40 个样本、5 个问题的访谈内容，以一句话为一个基础单元，提炼出基本概念。例如，"降低对于事件的恐惧，提供一个互动发言的渠道，影响范围有多大，会有哪些经济影响？"在软件中则提炼显示为"减少公众恐慌""提供互动渠道"，如此就得到两个核心概念为"减少公众恐慌"和"提供互动渠道"的单元。根据该思路进行逐一编码后，共形成34个初级节点与70个参考节点。

其次，采用主轴式编码进行二级编码。通过建立概念之间的类属关系，形成新的整体，来展现访谈中各个部分之间的关联。例如，初级节点中"客观报道""真实报道""满足受众知情权"都归类为"社会责任"范畴，依次分类。根据该思路，34个数据单元共归纳出12个次范畴。

最后，采用选择式编码进行三级编码。结合访谈问题，形成关注程度、关注来源、能否满足需要、可信度、媒体应该扮演的角色共5个主范畴。

（二）结果分析

1. 新型主流媒体是公众参与海洋环境传播事件议题最主要的媒介渠道

绝大部分公众获取海洋环境传播事件信息的主要渠道是新型主流媒体的微信公众号、政务微博等。公众更倾向于使用微博获取海洋环境传播事件的相关权威信息，从社会视角参与信息置换及议题讨论，微信次之。专业性、权威性较强的期刊论文、有政府背书的企业报告则是公众获取海洋环境传播事件信息的另一重要渠道。由此可见，新型主流媒体已经成为公众参与海洋环境传播事件议题最主要的媒介渠道。

2. 公众对不同新型主流媒体的媒介信任程度不一，机构信任是主因

访谈结果显示（表1），在海洋环境传播中，公众对不同新型主流媒体的媒介信任程度不一。大多数受访者对新型主流媒体的政务新媒体上发布的相关信息、权威专家的访谈和深度报道的信任度相对更高，而对环保组织、非专业博主发布的信息、围绕议题发表的相关言论的信任度则相对较低。由此可见，公众对媒体的态度很难与其对机构的信任脱节，机构信任是影响公众判断海洋环境传播中不同新型主流媒体信源可信度的重要中介

因素。同时，研究结果也表明机构信任并非持久不变，而会随着动态演化的传播互动过程发生改变。当公众对媒体的客观性、专家的权威性以及政府的处置能力质疑时，对不同新型主流媒体的媒介信任程度就会随之发生改变，社交媒体的赋权也会加速机构信任的消解，继而导致沟通障碍。

表1　受众对新型主流媒体平台资讯的信任度编码统计

信任程度	节点	参考点	"陈述"举例
相信	比较相信	4	我其实还是比较相信的，因为我是个一无所知的小白。我还会看信息渠道的来源、官方的还是非官方的、博主的可信性、数据的客观度，去判断可不可信，如果博主输出过于主观就不太相信。
	基本相信	1	比较相信官方媒体发布的信息还有专家提供的信息，环保组织不太可信，这是因为相信他们背后的机构代表的科学性、知识性。
不相信	不太相信	1	有的媒体上的信息可信度不高，一般今日头条上的信息可信度也不太高。

3. 新型主流媒体在一定程度上满足了公众对于海洋环境传播知情权的需求

在海洋环境传播中，新型主流媒体基本上可以满足多数受访者的知情权需求（表2）。大部分受众认为在社交媒体上获取信息和信息分享的需求已经得到基本满足，新型主流媒体能够发挥告知公众风险的作用，包括风险事件的基本情况、爆发原因、未来走势等。但随着海洋环境传播中的多元主体对于获取"自我相关性"的信息需求的提高，对信源可信性要求的提升，公众的知情权也存在无法满足需求的情况。

表2　新型主流媒体平台的资讯能否满足受访者需求编码统计

满足需求程度	节点	参考点	"陈述"举例
能满足	基本满足	3	基本上可以。
不能满足	不能满足	1	不能。

4. 公众对新型主流媒体在海洋环境传播治理中媒介角色与功能具有多样性期待

从编码结果来看（表3），公众除了对通过新型主流媒体获取客观、及时信息和议题报道怀有正面期待，还希望进一步获得专业性的信息分享和建设性的解困方案。当前，新型主流媒体确实有效提高了政府的信息透明度，但在专业性数据的开放共享程度方面仍然无法满足公众的现实需求。此外，还有公众认为新型主流媒体应该成为环保动员的宣传平台，为公众参与环保议题提供现实路径。

表3　受众认为新型主流媒体在海洋环境传播治理中应承担的媒介角色与功能编码统计

媒介角色与功能	节点	参考点	"陈述"举例
基本角色	客观报道	3	我觉得媒体应该及时客观报道。
	真实报道	3	据实报道，我觉得事实比观点重要。
	满足受众知情权	4	社交媒体应该是面向群众的接口，面向用户的角色，满足好奇心，宣传要到位。
社会责任	减少公众恐慌	3	风险事件也要考虑群众的恐慌，会不会做出什么反应。
	提供互动渠道	2	提供一个互动发言的渠道。
	警示作用	1	有警示作用，什么相关性最大，环境的影响。

续表

媒介角色 与功能	节点	参考点	"陈述"举例
传播内容	专业性	2	再就是要相对的专业一些，能与专业性的知识结合起来做一些报道和科普。
	时效性	1	海洋污染事件时效性不是太强，知道了（却）无能为力。
	地域性	1	在产油区内，对公众有影响的应该重点报道；应该涉及对受灾群体赔偿的报道；浒苔事件中不应忽视对渔民的灾难性影响。
	文学性	1	融合文学性和科学性，现在新闻报道调性灰暗。
	客观性	2	我觉得自媒体应该有更加客观、详细的科普。
环保参与	环保实践	1	我希望知道自己能为这些事情做点什么。

三、新型主流媒体角色与功能的建设性转向

在海洋环境传播中，新型主流媒体作为政府机构实施海洋环境传播善治的重要中枢纽带，是保障公众知情权、实施风险预警、进行舆论监督与引导、推动协同善治的最佳交互途径。但实证研究显示，新型主流媒体的媒介功能并未在海洋环境传播善治中得到充分发挥，公众对新型主流媒体发挥社会整合功能的话语重构作用充满期待。因此，本文应和现实诉求，以建设性思维为导向，以实证研究结果为依托，提出海洋环境传播善治中新型主流媒体的媒介角色与功能可做如下四个方面的拓展。

1. 建构开放协作的透明化信息平台

在善治的新型管理范式下，海洋环境传播信息的呈现和海洋环境传播

问题的解决是新型主流媒体媒介功能体现最具指向性的建设性方向。无论是建构主义取向还是现实需求，社交媒体赋权下的公众对于开放协作的程度以及信息透明化的需求都在不断升级。时至今日，新型主流媒体进行海洋环境传播信息呈现已呈常态化，满足公众知情权已成为海洋环境善治中新型主流媒体媒介功能的应然之选。但在实际工作中，公众却对此有诸多不满。完善的海洋环境传播信息呈现应包括准确可靠的风险信息、预警信息、进程进展中信息及规避措施、社会应对治理办法。但在这条逻辑链条上流动的海洋环境传播议题信息存在着诸多"未然"因子，涉及多元相关主体的复杂联动。新型主流媒体很难做到及时、准确地进行信息披露，这就大大削弱了其自身的信息传播功能。在黄海浒苔污染事件中，新型主流媒体在前期公布了浒苔漂移分布区预警信息，但在中后期缺乏实时的危害动态更新，导致海洋敏感区域的沿岸居民不能及时根据风险动态演化信息进行打捞、防护等相应处理，严重影响了青岛市海洋经济发展和海岸带生态环境。

因此，在"善治"这一双向协作的创新管理范式下，新型主流媒体的信息传播功能需要兼顾透明与协作两种导向，既要以海洋环境传播事件的动态演化为依据，又要能够反映社情民意。这就需要新型主流媒体在海洋环境传播中显示出更大的包容性与开放性，以正向引领、解决现实问题为导向，融汇多元协同的治理理念，助力善治。新型主流媒体可以运用自身的平台优势，进行议题信息整合与披露。一方面，可以以官方的权威性信息为主导，同时筛选整合非新型主流媒体中具有科学性和在地性的信息。另一方面，在海洋环境传播事件的动态演化过程中，运用图片、文字、视频等传播方式及时披露经过科学的风险评估后获取的协同信息，以此获得公众的信任与积极分享，通过信息透明达成信息交互的良性循环。此外，还应基于现实诉求，满足多元相关利益主体"自我相关性"信息的需求。如向不同风险敏感地域、不同承灾主体公开显在的风险指标和数据，或根据专业的风险评估结果，发布兼具专家知识和公众在地经验的具有指导意义的专业数据和应对信息，充分发挥新型主流媒体在海洋环境传播善治中满足公众知情权和弥补信息鸿沟的作用。

2. 发挥调节功能强化机构信任

实证研究表明，在海洋环境传播治理中，新型主流媒体承担着多元主体进行信息共享、风险沟通、舆论监督的责任，是最重要的调节中枢。但在现实情境中，却常因没有妥善发挥中枢调节功用，而导致机构信任崩塌，引发传播危机。例如在蓬莱19-3油田溢油事件中，由于涉事各方责利边界不清致使风险信息发布迟滞，一时间社交媒体上谣言四起，政府公信力备受质疑。因此，新型主流媒体在海洋环境传播的动态演化过程中，应通过调整议题建构、优化科普策略、缓解社会恐慌发挥媒介的调节功能，从认知和情感两个方面强化机构信任。

首先，调整议题建构。目前，新型主流媒体关于海洋环境传播事件议题的设置存在着不同程度的失衡。作为治理主力的政府机构的发声成为议题设置的重心，企业、环保组织、公众等其他多元主体的呼声、需求与在地经验鲜见其中。议题设置的长久不均衡会引发认知与情感信任的消解。因此，在海洋环境传播中，新型主流媒体应意识到多元主体参与新闻生产的热情，借助自身的互动性优势，将公众理解与公众参与科学地融入海洋环境传播事件议程设置之中，强化多元主体的风险感知建构，扩大议题的传播范围。其次，优化科普策略。实证研究显示，公众对新型主流媒体关于海洋环境传播的科普方式多有不满。科普内容多以消息和通讯的方式呈现，内容晦涩，在修辞和叙事手法上趋于模式化，传播效果不尽如人意。新型主流媒体应力求将晦涩的专业知识转化为通俗易懂的为公众所理解的知识，兼顾广度与深度，涵化影响公众对海洋环境传播的感知。同时，采用问答、竞猜、视频展示等能够唤起公众分享和参与热情的交互手段和传播策略，强化科普效果。再次，缓解社会恐慌。针对海洋环境传播事件演进过程中不同时段产生的谣言，以科学依据及例证的方法及时予以反驳和遏制；在客观呈现海洋环境传播事件所造成的巨大负面影响外，更多地提供正向引导、充满积极调性的暖新闻，在缓解社会恐慌、疏导负面情绪方面发挥积极作用。通过以上诸多方式，强化新型主流媒体的调节作用，使其获得公众在认知与情感上的双重认同，强化机构信任，达成良性循环。

3. 表达海洋环境正义诉求

当前，"信息中下层"流动不畅的壁垒随着新型主流媒体的发展而破除，公众的海洋环境正义诉求日益强烈。但事实上，新型主流媒体并未在实际意义上成为普通公众表达海洋环境正义诉求的通道。在长江经济带工业污染废水排放入海事件中，当地公众在新型主流媒体上发起抵制运动，呼吁完善诉求表达机制及程序正义，但最终未果，海洋环境正义诉求没有得到满足。

在海洋环境传播善治的民主模式下，有效表达海洋环境正义诉求已成为公众迫切的要求，新型主流媒体必须在此着力。新型主流媒体留存着海量的数据，可以这些结构化和非结构化数据为依托，对指向性群体进行社会认知分析，促进新型主流媒体了解指向性群体的风险感知和正义诉求，而后有针对性地发挥媒介作用，建立良性有序的风险沟通机制，助力海洋环境正义诉求的达成，保证政府决策的科学性。

4. 推进海洋环境倡导活动

在海洋环境传播善治中，推进海洋环境倡导活动是新型主流媒体发挥媒介功能的重点。新型主流媒体不仅要承担起海洋环境倡导的中介角色，还应作为动员主体自觉发挥多元复合型功能，将海洋环境传播意识建构、行动号召参与和传播功能相融合，以善治为最终导向做好海洋环境倡导活动的推进工作。

主流媒体应逐渐由中介转向组织者和参与者的角色，使媒体话语权由机构媒体向个人转移，推进"信息平权"，推动公众直接参与到社会活动、政治议程中去。在具体做法上，可对公众进行海洋环境传播公共教育。在平台上对海洋环境传播议题进行细化分类、设置栏目，推送相关消息、图片、视频、通告，进行科普宣传；还可以针对不同年龄人群，联络学校、企业、社区设置线上中短程体验式宣教活动，招募志愿者加入如打捞近海垃圾、救治受溢油污染的海鸟等海洋环保公益活动；运用 GIS、VR 等高科技技术，在海洋环境传播事件发生时，用可视化方式动态展示事件的进程进展，同时与环保组织联动，进行实地勘察，线上线下联动展示海洋环境传播已造成的和可能带来的危害，维护公众知情权的同时也维持公众对该事件的持续关注，强化环保参与的愿望。

结　语

党的二十大报告系统且科学地谋划未来 5 年乃至更长时期党和国家事业发展的目标任务和大政方针，提出了一系列新思路和新战略，进一步明确了生态文明建设居于中国国家治理话语体系的核心位置。在乌卡时代下，海洋环境传播善治中新型主流媒体的媒介角色与功能发生了巨大转变，伴随海洋环境传播治理不同阶段的需求，其身份在中介角色和主导角色中不断跳转。

《中华人民共和国国民经济和社会发展第十四个五年规划和 2035 年远景目标纲要》提出"推进媒体深度融合，做强新型主流媒体"，面对前所未有的机遇与挑战，新型主流媒体应当勇于打破桎梏，以"建设性思维"为导向，对自身在海洋环境传播善治不同阶段中的媒介角色与功能进行再认识，在关注风险事件和社会问题的基础上，运用积极心理学影响公众，探索公众参与事件治理的解决之道，在建构开放协作的透明化信息平台、发挥调节功能强化机构信任、表达海洋环境正义诉求、推进海洋环境倡导活动四个方面进行功能拓展，助推海洋环境传播善治。

［1］曾繁旭，戴佳，王宇琦.技术风险VS感知风险：传播过程与风险社会放大［J］.现代传播（中国传媒大学学报），2015，37（3）：40-46.

［2］崔志源，刘冰.融合新闻时代海洋新闻的生产和传播［J］.青年记者，2019（6）：44-45.

［3］邓支青.基于NVivo质性分析的大数据社会排斥问题研究［J］.情报杂志，2019，38（6）：137-144.

［4］韩韶君.媒体的环境传播：伦理责任、困境与突围路径［J］.编辑之友，2020（4）：60-65.

［5］戴佳，曾繁旭，郭倩.风险沟通中的专家依赖：以转基因技术报道为例［J］.新闻与传播研究，2015，22（5）：32-45，126-127.

［6］李春雷，舒瑾涵.环境传播下群体性事件中新媒体动员机制研究：基于昆明PX事件的实地调研［J］.当代传播，2015（1）：50-54.

［7］李淑文.环境传播的审视与展望：基于30年历程的梳理［J］.现代传播（中国传媒大学学报），2010（8）：39-42.

［8］王宇琦，陈昌凤.社会化媒体时代政府的危机传播与形象塑造：以天津港"8·12"特别重大火灾爆炸事故为例［J］.新闻与传播研究，2016，23（7）：47-59，127.

［9］漆亚林，孙鸿菲.新型主流媒体参与国家治理的逻辑基础、现实状况与实践路径［J］.新闻战线，2022（16）：44-48.

［10］朱春阳，曾培伦.重回"伞形结构"：传统媒体新闻客户端创新的空间走向［J］.湖南科技大学学报（社会科学版），2019，22（5）：118-125.

［11］刘帅，李坤，王凌峰.从主流媒体到新型主流媒体：概念内涵及其实践意义［J］.新闻界，2020（8）：24-30.

［12］范文川，韩敏.智媒时代新型主流媒体的圈层拓展策略［J］.新闻与写作，2022（10）：91-95.

［13］栾轶玫.从市场竞合到纳入国家治理体系：中国媒介融合研究20年之语境变迁［J］.编辑之友，2021（5）：13-25.

［14］黄丹琪，陈昌凤.新型主流媒体深度融合建设路径探索：以新闻行动者网络为框架［J］.电视研究，2021（4）：7-11，16.

期望确认模型下综合类视频算法推荐对用户持续使用意愿的影响研究

——以 Bilibili 为例 *

刘佳泽 **　周　全 ***

摘要：随着互联网信息技术和大数据的快速发展，算法开始广泛应用于各行各业，算法推荐与视频平台的结合使得人们在使用视频平台时由以往的主动搜索为主到如今的被动接受为主，在一定程度上改变了用户接收信息的方式。本文以 Bilibili（简称"B 站"）为代表，基于期望确认理论及信息系统持续使用意愿模型提出了算法推荐影响 B 站用户持续使用意愿的研究假设，利用问卷调查法收集数据并进行数据分析，验证研究假设，得出以下结论：第一，推荐准确性和满意度直接正向影响持续使用意愿；第二，推荐新颖性通过影响用户满意度间接影响持续使用意愿。针对以上研究结论，笔者提出了综合类视频平台可参考的两点策略：优化算法推荐的准确

---

*　本文系湖南省社会科学成果评审委员会课题一般项目"AI 算法信息推荐对新闻 App 持续使用意愿的影响研究"（项目编号：XSP20YBZ131）的研究成果之一。

**　刘佳泽，北京师范大学新闻传播学院硕士研究生。

***　周全，中南大学马克思主义学院讲师。

性，满足用户对内容的需求；重视推荐的新颖性，提升平台用户体验。

关键词：算法推荐；期望确认模型；持续使用意愿；Bilibili

一、研究背景

随着移动互联网技术的高速发展，信息承载主体发生了变革，以手机为代表的电子设备在很大程度上颠覆了人与人之间交流的环境。单纯的文字和图片已经无法满足人们娱乐的需要，短视频、长视频等信息流形式已经成为用户参与网络娱乐的主要选择。根据中国互联网络信息中心发布的报告显示，截至 2021 年 12 月，我国网络视频用户规模达到了 9.75 亿，占网民整体的 94.5%[①]。由此可见，观看网络视频几乎已经成为一种全民参与式的娱乐活动。

Bilibili 网站的全称是哔哩哔哩弹幕网，通常被简称为 B 站，作为目前最具代表性的视频网站之一，已经成为 Z 世代高聚集的综合类视频文化社区。根据艾媒咨询和极光大数据的统计，截至 2020 年第一季度，B 站的月活跃用户达 1.7 亿，其中 Z 世代人群占 B 站月活跃用户的 81.4%，用户留存率超过 80%[②]。B 站具有良好的社区氛围和强大的用户黏性，满足了 Z 世代人群自我表达的需求，同时平台的算法也会根据用户的行为推荐可能感兴趣的内容，满足用户的内容需求。

当前有关视频平台用户持续使用意愿的研究主要集中于用户参与行为方面，而很少与算法推荐相结合。本文将从 B 站用户的角度出发，探究 B

---

① CNNIC 发布第 49 次《中国互联网络发展状况统计报告》[EB/OL].（2022-02-25）. http://news.sohu.com/a/525496174_120354829.

② 哔哩哔哩—市场前景及投资研究报告—B 站"破圈"，非游戏业务成长空间广阔[EB/OL].（2021-03-16）. https://www.doc88.com/p-17647138931292.html.

站用户的参与、算法推荐和持续使用意愿之间的关系，了解影响 B 站用户持续使用意愿的因素，为 B 站的良性发展提供相应策略。

二、文献综述

个性化推荐的概念首次提出于 1995 年美国人工智能协会，虽然目前个性化的算法推荐技术已经被广泛应用于各个领域，但是国外学者对此所持的态度褒贬不一。邦哈德（Bonhard）提到，算法推荐是非常必要的，可以利用大数据对用户的需求进行精准的判断，从而给予更为良好的反馈。拉什（Lash）指出，现如今信息处于过载的状态，人们处于指数级的信息之中，对于信息的选择就显得十分重要。算法推荐机制的成熟与普及，意味着技术因素的影响变大，人们逐渐处于一个被代码包围的社会中，权利也越来越被算法所操控[①]。

在国内，关于算法推荐的研究在 2015 年之后才逐渐丰富，主要分为以下三个研究方向。

（一）算法推荐的技术原理

喻国明等将目前的算法推荐系统分为协同过滤推荐、基于内容的推荐和关联规则推荐三大类。他指出算法型信息推荐的影响主要体现在逻辑维度、主题维度、内容维度和功能维度四个方面，其在改变信息生产与传播范式的同时，还带来了用户价值主导下的场景适配[②]。同时他还对智能推荐系统中的"冷启动"问题进行了探究。

---

① JARVIS J.What's wrong with this picture?［EB/OL］.（2018-04-04）. https://buzzmachine.com/2018/04/04/whats-wrong-with-thispicture-2/.

② 喻国明，韩婷 . 算法型信息分发：技术原理、机制创新与未来发展［J］.新闻爱好者，2018（4）：8-13.

（二）新闻资讯中的算法推荐

随着个性化推荐算法的成熟和在移动信息分发中的应用，新闻行业的新闻生产和业态变迁已经受到学界关注。贾军对算法推荐新闻给出了定义：通过计算机程序的设定，实现从内容到用户的精准传播和个性化推荐。他认为人工智能技术的发展成熟和用户的获取成本降低是算法推荐新闻实现的两个基本条件，算法推荐无疑会改变传统新闻把关的范式，对于传统新闻来说，一方面要积极寻求转型，另一方面也要将新闻专业主义延续至算法把关中去[1]。徐敬宏等则对算法推荐下的新闻生产产生了担忧，认为工具理性的过度张扬、算法设计者的偏见、算法本身的局限和审查机制的匮乏会导致虚假新闻的产生，打破新闻生态系统的平衡。应该明确算法推荐的"价值主位"，完善审查机制以及进一步提升算法设计的透明度，加强对算法推荐下的虚假新闻的把关[2]。

（三）算法推荐的潜在风险

算法推荐在蓬勃发展的同时，也有不少学者对其潜藏的风险表达了担忧。喻国明等指出，算法推荐类的系统设计会不可避免地受到价值观的干预，无法做到真正的价值中立[3]。杨洸等通过问卷调查的方式对算法推荐的信息茧房效应进行了探究，认为针对新闻算法平台是否导致信息茧房效应的问题不能一概而论。一方面，用户使用平台的时长与接触到的同质化信息量成正比，可能会导致观点多样性的减少；另一方面，从用户自身体验

① 贾军.算法推荐新闻：技术困境与范式变革［J］.西南民族大学学报（人文社科版），2019，40（5）：152-156.
② 徐敬宏，王小龙，袁宇航.算法推荐下虚假新闻的产生机制、危害及应对策略［J］.中国编辑，2021（3）：22-26.
③ 喻国明，韩婷.算法型信息分发：技术原理、机制创新与未来发展［J］.新闻爱好者，2018（4）：8-13.

考量，主动搜索也可以使算法更加了解用户的喜好，从而拓宽用户的知识和见解[①]。温凤鸣等认为由于算法推荐机制不完善、人机互动形成闭环等缺陷，可能会引发用户隐私泄露、信息窄化和算法歧视等伦理问题，应及时优化公开算法，加强算法审查与监管，用户也应改变信息消费的习惯，提升算法素养，促进算法更好地服务于人类[②]。

期望确认理论（Expectation Confirmation Theory，ECT）由奥利弗（Oliver）于 1980 年提出[③]，主要应用于市场营销学领域，旨在研究消费者的满意度是否会影响复购行为。巴塔查吉（Bhattacherjee）在奥利弗的期望确认理论基础上进行了补充，提出了期望确认模型（Expectation Confirmation Model，ECM）[④]并将其引入了信息系统的持续使用研究中。巴塔查吉认为信息系统中的使用者与消费关系中的消费者是相似的，都受到对商品的期望确认度的影响，并通过实证研究证明了该模型的有效性[⑤]。

有关用户的使用行为主要包括两个阶段，一个阶段是初次使用阶段，另一个阶段为持续使用阶段。在初次使用阶段方面，国内外学者已经做了大量的理论和实证研究，影响最为广泛的理论模型主要是戴维斯（Davis）提出的技术接受模型（TAM），主要用来预测人们对信息系统的未来接收

① 杨洸，佘佳玲.新闻算法推荐的信息可见性、用户主动性与信息茧房效应：算法与用户互动的视角［J］.新闻大学，2020（2）：102-118，123.
② 温凤鸣，解学芳.短视频推荐算法的运行逻辑与伦理隐忧：基于行动者网络理论视角［J］.西南民族大学学报（人文社会科学版），2022，43（2）：160-169.
③ OLIVER R L. A cognitive model of the antecedents and consequences of satisfaction decisions［J］. Journal of marketing research，1980，17（4）：460-469.
④ BHATTACHERJEE A. Understanding information systems continuance：an expectation-confirmation model［J］. Mis quarterly，2001，25（3）：351-370.
⑤ HSU M H，CHIU C M. Predicting electronic service continuance with a decomposed theory of planned behaviour［J］. Behavior & information technology，2004，23（5）：359-373.

行为^①。而对于信息系统来说，只有被用户持续地使用才算获得成功，所以学者们开始转向第二阶段，即持续使用阶段的研究。巴塔查吉最早给持续使用意愿做出了定义：用户在体验过某信息系统后持续性使用信息系统的意图^②。同时他为了探究影响信息系统用户持续使用意愿的因素，构建了ECM-IT模型，指出用户的持续使用意愿取决于用户的满意度和对系统的感知有用性，而满意度会对用户的期望确认度成正向影响。在此基础上，哈利洛维奇（Halilovic）使用了IS continuance的期望—确认模型（ECM-IS）和IS continuance的扩展期望—确认模型（EECM-IS）展开实证研究，证实了满意度会促进用户的持续使用意愿。林（Lin）等引入了"感知娱乐性"这一因素，用以研究Web门户中用户的持续使用意愿^③。唐（Thong）等在研究互联网工具性产品服务的用户持续使用意愿时则加入了感知易用性和感知娱乐性因素，扩展了ECM模型^④。陈瑶等将研究视角放在社交网站的持续使用意愿上，在期望确认模型的基础上加入了感知兴趣、感知转换成本这两个外部变量，结果证实了感知趣味性、感知转换成本与社交网站的持续使用意愿成正向影响关系^⑤。钱瑛则在ECT模型中加入了感知交互

① DAVIS F D. User acceptance of information technology: system characteristics, user perceptions and behavioral impacts [J]. International journal of man-machine studies, 1993, 38 (3): 475-487.
② BHATTACHERJEE A. Understanding information systems continuance: an expectation-confirmation model [J]. Mis quarterly, 2001, 25 (3): 351-370.
③ LIN C S, WU S, TSAI R J. Integrating perceived palyfulness into expectation-confirmation model for web portal context [J]. Information & management, 2005, 42 (5): 683-693.
④ THONG J, HONG S J, TAM K Y. The effects of post-adoption beliefs on the expectation-confirmation model for information technology continuance [J]. Social science electronic publishing, 2006, 64 (9): 799-810.
⑤ 陈瑶，邵培基. 社交网站持续使用的实证研究：基于改进的期望确认模型 [J]. 信息系统学报，2011 (1): 23-34.

与感知趣味两个变量，用以研究高校学生的持续使用意愿[①]。

　　基于此，本文试图进一步探讨算法推荐与 B 站用户持续使用意愿之间的关系及作用路径。本文拟回答以下问题：第一，哪些因素影响 B 站用户的持续使用意愿？第二，算法推荐质量对 B 站用户持续使用意愿的作用机制是怎样的？

三、理论基础与模型构建

（一）理论基础

　　在现阶段有关持续使用意愿的研究中，奥利弗提出的期望确认理论（ECT）影响最为广泛，该理论主要用于研究消费者的购买行为。2001 年巴塔查吉结合技术接受模型（TAM）和期望确认模型（ECM）提出了应用于信息系统的持续使用模型（ECM-ISC）[②]。该模型主要认为，用户的信息系统持续使用意愿主要受到感知有用性、期望确认度和用户满意度这三个因素影响。巴塔查吉在经过了大量的实证研究后证明了全部假设成立，验证了 ECM-ISC 模型的科学性和适用性。因此，本文主要以 ECM 和 ECM-ISC 作为理论基础，结合已有的文献及相关资料，引入相关潜变量，构建初始模型。

（二）模型构建与研究假设

1. 模型构建

　　本文在使用信息系统持续使用意愿模型的基础上，结合日常观察，发

---

①　钱瑛. 在线学习用户持续使用行为的影响因素研究：基于社会化网络环境和学情定位视角［J］. 现代情报，2015，35（3）：50-56.

②　BHATTACHERJEE A. Understanding information systems continuance：an expectation-confirmation model［J］. Mis quarterly，2001，25（3）：351-370.

现 B 站会根据用户观看视频时的种种行为偏好，利用算法推荐机制予以推荐，算法推荐机制会直接影响 B 站的用户体验和满意度，进而影响用户的持续使用意愿。因此引入算法推荐质量这一影响因子。构建的初始模型如图 1 所示。

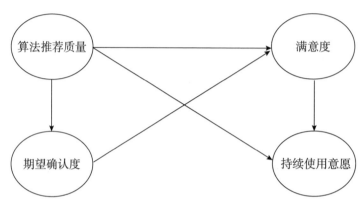

图 1　研究初始模型图

由于算法推荐质量是一个整体概念，为了进一步细化模型，探究算法推荐的内部维度对用户持续使用意愿的影响关系，本文利用关键事件法进行深度访谈，并对访谈内容进行编码，选择出能够代表算法推荐质量的几个维度，为建立最终的 B 站用户持续使用意愿模型奠定基础。

本次关键事件的半结构式深度访谈时间是从 2022 年 3 月 23 日至 2022 年 3 月 29 日，访谈对象为使用过或正在使用 B 站的大学生群体，通过线上及线下两种方式进行一对一访谈，单个样本访谈时间为 10—20 分钟，访谈人数达到 20 人。其中男性占比 45%，女性占比 55%。在访谈结束后，通过饱和度检验访谈了另外 3 位新的受访者，通过内容资料分析发现并未出现新的评价维度。之后利用 NVivo 软件辅助分析访谈的描述性内容，对原始访谈材料进行编码，分析得出用户对于 B 站算法推荐的评价维度主要可以分为技术易用性、推荐多样性、推荐热门性、推荐商业性、推荐新颖性和推荐准确性六个方面。其中"推荐准确性"（259 次）和"推荐新颖性"

（136次）的维度被多次提及，显著高于其他评价维度，故笔者引入推荐准确性与推荐新颖性指标来代表算法推荐质量因子。最终确定的B站用户持续使用意愿评价模型如图2所示。

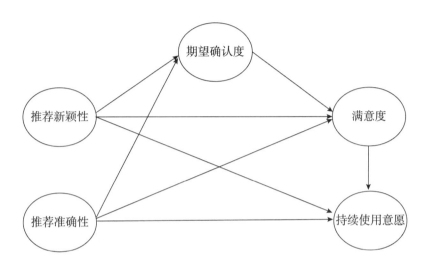

图2 本文B站用户持续使用意愿最终评价模型

2. 研究假设

（1）期望确认度、满意度与持续使用意愿的关系

巴塔查吉在2001年提出了ECM-ISC模型，期望确认度、满意度和持续使用意愿是模型中的三个变量，该模型经过众多学者的验证后证明了其有效性。本文在该模型的基础上，提出其所包含的两个假设：

H1：用户对B站的期望确认度显著正向影响用户的满意度；

H2：用户对B站的满意度显著正向影响用户的持续使用意愿。

（2）算法推荐质量与期望确认度之间的关系

一般来说，如果用户在使用产品或服务后的感知超过了使用前的预期，则会产生积极的心理状态，反之则会产生消极的心理状态。用户在使用B站前会对B站产生一个心理预期，在使用产品后，B站的算法推荐质量会在一定程度上拔高或者降低用户的使用体验，从而影响自己的期望确认度。

有学者通过质化的方法发现，算法技术水平是影响短视频 App 用户心流体验的重要因素，并提出了短视频 App 用户心流体验"双螺旋沉浸互动机制"模型，"用户价值期望"的心理调节与期望确认机制是其中的核心支撑之一。因此本文提出以下假设：

H3：用户对 B 站的感知推荐新颖性显著正向影响期望确认度；

H4：用户对 B 站的感知推荐准确性显著正向影响期望确认度。

（3）算法推荐质量与满意度、持续使用意愿之间的关系

已经有学者关注到算法推荐内容对 App 持续使用的影响，有学者从应对行为视角出发，发现算法推送内容相似性导致的疲惫体验与知觉控制感共同决定了 App 用户随后采取的应对努力策略。算法推荐质量成为用户持续使用意愿的重要影响因素。基于此，本文提出假设：

H5：用户对 B 站的感知推荐新颖性显著正向影响用户满意度；

H6：用户对 B 站的感知推荐准确性显著正向影响用户满意度；

H7：用户对 B 站的感知推荐新颖性显著正向影响用户持续使用意愿；

H8：用户对 B 站的感知推荐准确性显著正向影响用户持续使用意愿。

四、研究设计与方法

（一）研究设计

本文采用问卷调查法对 B 站用户持续使用意愿的影响因素进行探究。根据研究模型，问卷中题项的设计根据以往文献中的相关量表，并针对本文内容进行适度修改获得。问卷具体分为三部分，第一部分为卷首语；第二部分调研受访者的基本个人信息与使用 B 站的情况；第三部分为用户对 B 站的持续使用意愿调查，主要采用李克特五级量表的方式，共计 15 个题项。具体问卷设计变量指标测量如表 1 所示。

表1　B站用户持续使用意愿影响因素量化测量指标

研究变量	测量问项	参考来源
推荐新颖性（FRE）	FRE1：B 站的推荐页面经常会给我推送新的 UP 主	Will Wai-kit Ma 等（2021）[1]崔兆欣（2017）[2]何孝丹（2021）[3]
	FRE2：B 站的推荐页面经常会给我推送新的领域	
	FRE3：总体而言，我认为 B 站的推荐页面推送的视频很新颖	
推荐准确性（ACC）	ACC1：B 站的推荐页面推送的视频内容是我喜欢的	Coker（2013）[4]何孝丹（2021）[5]
	ACC2：我认为 B 站的推荐页面视频质量很高	
	ACC3：B 站会结合我的观看或关注历史给我推荐视频	
期望确认度（EXP）	EXP1：使用 B 站的体验比我预期的要高	Bhattacherjee[6]（2001）Oliver（1980）[7]
	EXP2：B 站所提供的功能比我预期的要好	
	EXP3：总的来说，在使用 B 站后达到了我的期望	

[1] MA WAI-KIT W，ANDERSSON R，STREITH K O. Examining user acceptance of computer technology：an empirical study of student teachers［J］. Journal of computer assisted learning，2005，21（6）：387-395.

[2] 崔兆欣.大数据环境下公共图书馆服务满意度评价实证分析［J］.图书馆工作与研究，2017（S1）：126-133.

[3] 何孝丹.基于 SEM 的哔哩哔哩弹幕网持续使用意愿评价研究［D］.南昌：南昌大学，2021.

[4] COKER B. Antecedents to website satisfaction，loyalty，and word-of-mouth［J］. Journal of information systems & technology management，2013，10（2）：209-218.

[5] 何孝丹.基于 SEM 的哔哩哔哩弹幕网持续使用意愿评价研究［D］.南昌：南昌大学，2021.

[6] BHATTACHERJEE A. Understanding information systems continuance：an expectation-confirmation model［J］. Mis quarterly，2001，25（3）：351-370.

[7] OLIVER R L. A cognitive model of the antecedents and consequences of satisfaction decisions［J］. Journal of marketing research，1980，17（4）：460-469.

续表

研究变量	测量问项	参考来源
用户满意度 （SAT）	SAT1：总体上，我对 B 站感到非常满意	Bhattacherjee[①] （2001）
	SAT2：总的来说，观看 B 站的经历是愉快的、高兴的	
	SAT3：我很喜欢使用 B 站	
持续使用意愿 （CON）	CON1：未来我打算继续使用 B 站	Bhattacherjee[②] （2001） Cronin 等（2000）[③]
	CON2：未来我将经常使用 B 站	
	CON3：我愿意向朋友推荐 B 站	

（二）数据收集

在正式发放问卷之前，随机选择 45 名受访者进行预调研，并对问卷中不合理的题项进行修改。

本文于 2022 年 4 月 4 日至 5 月 28 日进行正式的问卷调查，利用问卷星软件生成问卷，通过滚雪球的方法收集数据。总计获得问卷 812 份，排除不符合要求及未认真填写的无效问卷，实际获得有效问卷 762 份，问卷有效率为 93.8%。

（三）数据分析工具及流程

本文使用统计软件 SPSS25.0 以及结构方程模型分析软件 SmartPLS3 对数据进行统计分析。首先使用 SPSS25.0 对数据进行描述性统计分析，然后使用 SmartPLS3 进行测量模型与结构模型检验，并对研究假设进行验证。

---

① BHATTACHERJEE A. Understanding information systems continuance：an expectation-confirmation model［J］. Mis quarterly，2001，25（3）：351-370.

② BHATTACHERJEE A. Understanding information systems continuance：an expectation-confirmation model［J］. Mis quarterly，2001，25（3）：351-370.

③ CRONIN J J，BRADY M K，HULT G T M. Assessing the effects of quality，value，and customer satisfaction on consumer behavioral intentions in service environments［J］. Journal of retailing，2000，76（2）：93-218.

五、研究发现

（一）描述性统计分析

调查样本的人口统计学特征如表 2 所示。样本的性别比例差距不大，其中男性占 55%，女性占 45%，以 18—25 岁的学生群体为主。在学历构成方面，绝大多数为本科（71%）。受访者绝大部分是使用 B 站在六个月以上的老用户，有 62.34% 的人每天都会使用 B 站。表明样本具有较强的用户黏性和较好的活跃度。

表2　人口统计学特征

变量	选项	百分比（%）
年龄	18 岁以下	0.66
	18—25 岁	89.90
	26—30 岁	7.74
	31—35 岁	1.44
	36 岁及以上	0.26
性别	男	55.00
	女	45.00
受教育程度	高中及以下	3.02
	专科	3.80
	本科	71.00
	硕士及以上	22.18
职业	学生	94.62
	企业员工	2.89
	公务员 / 事业单位	1.71
	个体经营者	0.66
	其他	0.12

续表

变量	选项	百分比（%）
使用时长	3 个月以内	5.12
	3—6 个月	7.08
	6—12 个月	14.83
	1 年以上	72.97
使用频率	每天都用	62.34
	一周 4—6 次	17.06
	一周 2—3 次	4.33
	不确定，需要的时候再用	16.27

（二）基于 PLS 结构方程模型的统计分析

本文将引入偏最小二乘法（Partial Least Squares，PLS）[①]进行结构方程模型分析。具体来说，PLS 模型包括两个子模型：测量模型和结构模型。其中，测量模型是用来解释潜变量与观测变量之间的关系，结构模型是用来解释潜变量之间的关系。

1. 测量模型检验

（1）信度分析

信度是用来检验调查量表是否反映同一问题，即可靠性或者一致性。本文采用克朗巴哈系数值（Cronbach's alpha）和组合信度（Composite Reliability，CR）来衡量问卷调查的可靠性。SmartPLS3 分析结果如表 3 所示，各个潜变量的 Cronbach's alpha 值均大于 0.7，组合信度 CR 值均在 0.8—0.91 之间，在要求的 0.7—0.95 范围内，表明问卷具有可靠性。

---

① FORNELL C，LARCKER D F. Structural equation models with unobservable variables and measurement error：algebra and statistics ［J］. Journal of marketing research，1981，18（3）：382-388.

（2）效度分析

效度分析即对问卷的有效性进行分析。对 PLS 结构方程模型的效度检验包括三大部分：内容效度、收敛效度和区别效度[①]。由于本文量表的题项设计参考了很多成熟的现成量表，并且笔者还进行了小范围的访谈以及预调研，故可以认为内容效度较为良好。

收敛效度是用来检验同一潜变量的相关问题之间是否有显著的相关性。AVE 值和因子负载系数可以解释收敛效度的情况[②③]，当因子负载系数大于 0.7，AVE 大于 0.5 时，具备良好的收敛效度[④]。通过表 3 可以看出，因子负载系数与 AVE 值均符合要求，说明收敛效度良好。

表3　测量模型的信度、收敛效度指标

潜变量	因子	因子负载系数	Cronbach's alpha	CR	AVE
CON	CON1	0.899	0.866	0.868	0.918
	CON2	0.890			
	CON3	0.876			
ACC	ACC1	0.892	0.798	0.806	0.882
	ACC2	0.869			
	ACC3	0.770			
FRE	FRE1	0.882	0.864	0.869	0.917
	FRE2	0.881			
	FRE3	0.896			

---

① 滕飞．线上学习平台 Coursera 用户使用的结构方程模型分析［D］．长春：吉林财经大学，2016．

② 郑帅．中国制造型企业供应链风险管理实证研究［D］．武汉：华中科技大学，2012．

③ CHIN W W. Handbook of partial least squares［M］．Berlin：Springer，2010．

④ 徐婷．基于人因工程的配电柜装配生产线工人工作倦怠研究［D］．成都：成都理工大学，2019．

续表

潜变量	因子	因子负载系数	Cronbach's alpha	CR	AVE
EXP	EXP1	0.891	0.861	0.863	0.915
EXP	EXP2	0.876	0.861	0.863	0.915
EXP	EXP3	0.886	0.861	0.863	0.915
SAT	SAT1	0.916	0.874	0.875	0.923
SAT	SAT2	0.873	0.874	0.875	0.923
SAT	SAT3	0.893	0.874	0.875	0.923

区别效度是指构面根据实证标准真正区别于其他构面的程度，本文将采取弗奈尔 - 拉克准则（Fornell-Larcker Criterion）[①] 的方法进行检验。弗奈尔 - 拉克准则指的是 AVE 平方根与潜变量之间相关系数的比较，如果每个潜变量的 AVE 平方根大于相应变量与其他潜变量的相关系数，则区别效度较好。由表 4 可见，所有潜变量的 AVE 平方根都大于同一列的其他系数。因此，可以认为各个潜变量之间的区别效度较好。

表4　测量模型的弗奈尔-拉克准则

	CON	ACC	FRE	EXP	SAT
CON	0.888				
ACC	0.688	0.845			
FRE	0.601	0.768	0.886		
EXP	0.717	0.740	0.664	0.884	
SAT	0.842	0.783	0.703	0.793	0.894

---

① FORNELL C, LARCKER D F. Structural equation models with unobservable variables and measurement error: algebra and statistics [J]. Journal of marketing research, 1981, 18（3）: 382-388.

2. 结构模型检验

（1）共线性诊断

如果变量间存在共线性，则非常容易引起路径系数的偏差，因此需要进行共线性诊断。研究中一般使用方差膨胀因素（Variance Inflation Factor，VIF）来检验。本文使用 SmartPLS3 的 PLS Algorithm 算法进行计算，得到的内、外部共线性诊断结果分别如表 5 和表 6 所示。从中可以看出 VIF 均小于 5，各变量之间不存在多重共线性。

表5 内部共线性诊断

	CON	ACC	FRE	EXP	SAT
CON					
ACC	3.407			2.438	3.165
FRE	2.610			2.438	2.566
EXP					2.323
SAT	2.766				

表6 外部共线性诊断

变量	VIF
ACC1	2.257
ACC2	2.034
ACC3	1.436
CON1	2.509
CON2	2.448
CON3	1.988
EXP1	2.199
EXP2	2.159
EXP3	2.196
FRE1	2.195
FRE2	2.260

变量	VIF
FRE3	2.205
SAT1	2.834
SAT2	2.102
SAT3	2.440

（2）模型拟合优度及假设检验分析

德昂赫斯（Tenenhaus）等学者提出了 GoF 指标，用以反映测量模型和结构模型的共同拟合和预测效果。韦兹尔斯（Wetzels）等人认为 GoF 值大于 0.36 是最佳拟合优度，GoF 值大于 0.25 表示拟合优度良好，GoF 值大于 0.10 表示拟合优度勉强可以接受，GoF 值小于 0.10 表示拟合优度差[①]。经计算，本研究模型的 GoF 值为 0.59，表明构建的结构方程模型具有良好的模型拟合优度。

本文使用 SmartPLS 3 软件中的 Bootstrapping 算法对模型的显著性进行检验，根据操作要求，设置子样本数为 5000，最终得到影响路径的显著性检验结果与结构模型路径图，如表 7 与图 3 所示。

表7　影响路径的 Bootstrapping 结果

路径	初始样本	样本均值	标准差	T统计量	P值	假设
推荐准确性→持续使用意愿	0.087	0.087	0.042	2.076	0.038	成立
推荐准确性→期望确认度	0.559	0.561	0.043	13.107	0	成立
推荐准确性→满意度	0.345	0.344	0.048	7.201	0	成立

---

① 郑帅 . 中国制造型企业供应链风险管理实证研究 [D]. 武汉：华中科技大学，2012.

续表

路径	初始样本	样本均值	标准差	T统计量	P值	假设
推荐新颖性→持续使用意愿	-0.020	-0.022	0.040	0.517	0.605	不成立
推荐新颖性→期望确认度	0.234	0.234	0.043	5.419	0	成立
推荐新颖性→满意度	0.145	0.147	0.037	3.883	0	成立
期望确认度→满意度	0.442	0.441	0.044	10.023	0	成立
满意度→持续使用意愿	0.788	0.790	0.038	20.596	0	成立

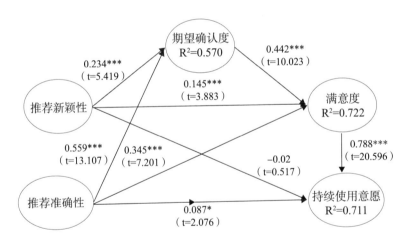

Notes: ***p<0.001, **p<0.01, *p<0.05

图3　结构模型路径分析结果图

六、结论与讨论

（一）总结

本文以 B 站为研究对象，结合期望确认理论和信息系统的持续使用模型，通过引入算法推荐质量变量构建出影响 B 站用户持续使用意愿的模型，利用问卷调查法获取数据，并利用结构方程模型进行实证分析。

由结构模型路径分析结果图（图 3）可知，感知推荐新颖性对用户持续使用意愿正向影响不显著，即 H7 没有成立，除此之外其余 7 项假设全部验证成立。

1. 满意度和感知推荐准确性直接正向影响持续使用意愿

在结构方程模型中，用户满意度对持续使用意愿的影响路径最高，达到了 0.788。推荐准确性也会显著正向影响用户的持续使用意愿，影响路径为 0.087。因此，用户在使用 B 站时的满意度和算法推荐给用户的内容是否准确能够在一定程度上影响用户的持续使用意愿。这说明 B 站的服务或产品能否让用户满意是保持用户良好留存度的核心要素，同时算法推荐的准确性也是 B 站能否保持用户黏性的主要因素。

2. 算法推荐质量显著正向影响期望确认度和满意度

在结构方程模型中，推荐新颖性对期望确认度的影响路径系数达到了 0.234，对满意度的路径系数达到了 0.145。推荐新颖性虽然不能直接影响用户持续使用意愿，但是依然可以通过影响用户满意度和期望确认度来间接影响持续使用意愿。这意味着算法推荐的内容中倘若包含一些新颖的视频，用户可能会更乐于持续性地使用 B 站。而推荐准确性对期望确认度的影响路径系数达到了 0.559，对满意度的路径系数达到了 0.345。可以看出用户感知到的算法推荐是否准确、是否新颖在一定程度上影响着用户的期望确认度和满意度。

3. 期望确认度显著正向影响满意度

除了前文讨论的推荐新颖性和推荐准确性对满意度有显著的正向影响外，期望确认度对满意度的路径系数达到了 0.442。由此可见，期望确认度显著地影响用户的满意度。这也在一定程度上验证了 ECM-ISC 的科学性。

（二）讨论与展望

在疫情的大环境下，娱乐方式的减少使得视频类产品的活跃度不断攀升，但伴随着目前综合类算法推荐视频平台赛道竞争日益激烈，逐渐趋于饱和，平台能够吸引大量新顾客，却无法保持很好的用户留存率，于是各家视频平台都推出了相应措施来留住用户。例如腾讯视频、爱奇艺等知名视频平台都效仿 B 站开启了弹幕功能，通过增强平台社交性的方式提高用户留存率；芒果 TV 则通过开发互动类视频等新颖的方式来留住用户。根据本文的研究，笔者认为可以从以下两个方面提升综合类算法推荐视频平台的用户留存度。

1. 优化算法推荐的准确性，满足用户对内容的需求

本文的研究结论证明了用户感知到的算法推荐准确性是影响用户持续使用意愿的重要因素，说明视频平台只有给用户推送他们真正需要的内容，才能够提升用户对平台的忠诚度。视频平台要不断优化自身的算法推荐机制，在不触犯用户关键隐私的前提下，对用户平时的使用或观看偏好进行有效分析，提高推荐的准确性。除此之外，在推送的内容方面，也应提高视频质量，一方面，视频平台要制作出一些带有自身特色的高质量视频，另一方面，要将用户、内容生产者、平台三者紧密联系起来，平台利用算法准确推荐视频给用户，用户加深对平台的依赖，良好的用户留存率又进一步吸引更多的内容生产者入驻平台，制作出更优质的内容，营造良好的社区环境。这样才能够促进整个平台良性发展。

2. 重视推荐的新颖性，提升平台用户体验

在本次研究中，用户感知的推荐新颖性虽然对持续使用意愿没有直接影响，但是其可以通过影响用户满意度间接影响持续使用意愿，所以视频平台的开发者也应注重算法推荐的新颖性。从前文的访谈过程来看，B 站推送的内容存在一些同质化现象，有些用户认为长此以往会出现信息茧房

的现象，不利于自己全面认识事物，这在一定程度上影响了用户对于 B 站的满意度。建议视频平台在保证推荐准确性的同时，也要兼顾到推荐内容的新鲜度，提升用户的使用体验，从而更好地留住用户。

当然，本次研究尚存在一些不足之处。第一，本次研究在期望确认模型的基础上仅仅引入了推荐准确性和推荐新颖性两个变量，但是用户对产品或服务的持续使用意愿受到众多因素的影响，所以本文的理论模型并不完整。第二，本文的调查对象中大学生群体占主体地位，在样本代表性方面有所欠缺。第三，本次研究的量表在一些指标的构建上仍然有不够合理之处。

在未来，关于综合类算法推荐视频平台用户持续使用意愿的研究可以着重关注扩充算法推荐的评价维度、对用户个人隐私问题以及算法边界问题的讨论等方向。

专题四
数字出版与数字影像

想象、介入与耦合：短视频中时空关系的再思考

——基于大卫·哈维的时空观

卢山郑秀

摘要： 本文从短视频作为媒介的基本功能以及视频成像的技术特点出发，指出短视频时空中的存在主体以及存在方式，即信息的流动性存在与用户的媒介化存在，为理解短视频中的时空关系提供主体出发点；由短视频中的媒介实践、权力斗争以及不同时空的感知交互，将大卫·哈维的时空生产、时空修复以及时空压缩观点引入短视频时空关系的理解中，并阐释三种时空观点在短视频中的呈现形式以及内在机理；对讨论结果进行梳理，根据短视频中时空关系的变化过程总结出一条贯穿始终的基本脉络，为理解短视频乃至整个新媒体环境中的时空关系提供启发。

关键词： 短视频；时空关系；时空生产；时空修复；时空压缩

引 言

不同社会环境下的时空观念大相径庭①。古典哲学家对于时空关系的仰望，赋予时间以神圣感，赋予空间以神秘感。柏拉图将时间进入空间作为世界由"多变"转向"有序"的条件，简言之就是时间化解在空间中②。随着近现代神性意识的消弭以及工具理性的膨胀，时空关系研究逐渐走向具体。牛顿对于绝对时空的描述以及列斐伏尔、福柯以及本雅明等学者对时空关系的思考，是对时空概念的祛魅，并以可感知、可测量作为时空存在的证明。自卡斯特提出网络空间概念之后③，时间与空间的存在形式发生转变，人无法像感知社会空间一样去感知网络空间，便无法审视网络空间作为社会空间构成的逻辑性，因此可以看作对时空关系理解的一种返魅。哈维坚持以流动、联系以及变化的观点看待时空关系，而如果从此视角出发来看短视频环境，信息作为时空的主体，以数据的形式在短视频所构造的微时空环境中不断完成其流动过程，在此过程中，作为信息传受对象与时空感知主体的使用者的时空体验也发生新变化。因此，以大卫·哈维的时空视角关注短视频中的时空关系，为超越场景与技术视角对新媒体的时空关系进行考量提供了新的路径。

---

① 哈维.正义、自然和差异地理学［M］.胡大平，译.2版.上海：上海人民出版社，2015：235.

② 叶秀山.欧洲哲学史上的时空关系：从柏拉图《蒂迈欧篇》所想到的［J］.中国社会科学院研究生院学报，2014（1）：10-19.

③ 卡斯特.网络社会的崛起［M］.夏铸九，王志弘，等译.北京：社会科学文献出版社，2001：6.

一、文献综述

（一）短视频中的时空关系研究

短视频是以图像、文字与声音传递信息，并借助网络进行数字传输的媒介，也是数字网络空间的一个典型体现，Liu 从空间秩序与等级角度入手，对作为国内较有代表性的快手短视频中的空间内容呈现及其背后的文化分类进行研究，明确提出现实空间中的文化表达同样能够影响短视频空间中的文化等级[1]；算法是短视频技术性的直观体现，但隐藏在算法之后的空间规训问题同样值得关注，Isabella Siu-wai Yun 从本雅明的政治审美、德波的景观文化以及福柯的空间规训观点出发，对短视频所营造的数字空间中的权力抵抗以及文化规训现象进行阐述，并突出强调技术性对人性以及审美的影响[2]；可见性（visible）是短视频研究中一个十分重要的研究议题，何志武、董红兵针对物质空间以及短视频空间中的可见性问题，提出短视频以其视频成像与社交互动的功能特点，重塑了使用者的时间感与空间体验，并促进了可见性消费[3]；王欢妮则从短视频塑造的媒介时空对使用者文化体验与文化创造的影响问题出发，提出媒介时空观能够改变甚至重塑社会对现实时空的认知[4]。

[1] LIU KZ. From invisible to visible：Kwai and the hierarchical cultural order of China's cyberspace［J］. Global media and China，2020，5（1）：69-85.
[2] ISABELLA SIU-WAI YUN. Cultural surveillance in the algorithmic sociality：the evolution of humanistic myth and technological myth in the post-coronavirus world［J］. Cogent arts & humanities，2021，8（1）.
[3] 何志武，董红兵. 可见性视角下移动短视频的空间生产、消费与价值悖论［J］. 新闻记者，2019（10）：12-19.
[4] 王欢妮. 短视频的媒介时空对公众文化创造影响研究［J］. 中国电视，2022（2）：68-71.

回顾上述研究不难看出，国内外学者对短视频中时空关系研究的关注点主要集中在技术伦理以及内容呈现上，更深层次的关注点也只是集中在技术与内容对现实空间的影响问题中；除此之外，还有一个较为明显的特点，即对空间的关注度要大于对时间的关注度，似乎在短视频中，时间只是空间呈现的一个度量标准。

（二）大卫·哈维的时空观

大卫·哈维作为新左派马克思主义学者的代表人物，对于他的时空观的探讨离不开对马克思的自然时空观点的评析，庄穆、周丹立足于马克思与哈维在辩证时空观中的不同观点，结合二者所处的不同时代背景以及不同的价值指向，提出在社会发展过程中要兼顾时间（速度）与空间（范围）的同步性[1]；除了马克思的自然时空观点，牛顿、莱布尼茨以及爱因斯坦等对于绝对时空以及相对时空的思考同样构成了哈维时空观的思想起源，郝胤舟对牛顿、爱因斯坦以及列斐伏尔等人的时空观点进行阐述，并从两个维度出发对哈维的"时空矩阵"进行解析，认为"时空矩阵"是对马克思主义时空观的扬弃与补充[2]；哈维并不是孤立地看待时间与空间关系，而是将空间变化置于时间运动之下进行探讨，傅立宪从新自由主义的历史背景以及文化背景出发，对哈维时间运动变化下的空间思想进行系统性梳理，并在此基础上对哈维的"时空辩证法"以及"辩证乌托邦思想"进行探讨[3]；Batou 主要关注哈维所强调的时间运动，在其看来，哈维关于时间的论断是建立在资本主义剥夺过程上的，因此需要从历史发展视角对时间与

---

① 庄穆，周丹. 马克思和哈维的时空观比较研究［J］. 北京航空航天大学学报（社会科学版），2015，28（3）：80-85.

② 郝胤舟."废墟中心"是一个什么空间？——论大卫·哈维的时空理论［J］. 河南师范大学学报（哲学社会科学版），2012，39（3）：13-17.

③ JEAN B. Accumulation by dispossession and anti-capitalist struggles：a long historical perspective［J］. Science & society，2015，79（1）：11-37.

空间在资本的剥夺性积累过程中所发挥的作用方面予以考量①。

哈维特别关注作为社会结构重要组成部分的媒介，他曾预言，打破福特主义的流水线生产模式的是工业机器，但打破资本限制、推动历史演进的是计算机以及网络，信息对于资本扩张的重要性不言而喻②。但无论是哈维本人，还是国内外的学者，都未曾系统审视与梳理作为新媒体代表的短视频中的时空关系问题，即使有部分学者从马克思所提出的"用时间消灭空间"的媒介思想③出发对媒介中的时空关系进行探讨，但将相关阐述介入短视频环境中，仍有不能恰当解释的问题。

二、短视频：媒介化存在的时空域

在讨论短视频中的时空关系前，首先需要明确的是，在短视频所构建的时空中到底有哪些主体存在。在哈维的时空观中，流动性是一个较为明显的特征，包括时间流动性与空间流动性。这种流动性观点类似于鲍曼所提出的"液态现代性"（liquid modernity），在液态社会中，传播技术的作用被无限放大，数字信号覆盖的范围越广，传输速度越快，对传统固态社会的冲击力也就越强。如果从短视频构造的媒介时空角度看，信息的流动过程始终是发生在短视频构造的时空域中的，因此信息可以被视作短视频时空中的存在主体。其次，信息传递的起点与终点是作为短视频使用者的用户，用户在借助短视频传递与接收信息时，就是参与到短视频中的信息流动过程，换句话说，用户也是信息流动过程中的一部分，而信息的流动过程是发生在短视频构造的时空中的，因此作为使用者的用户同样可以被

①　DAVID H，JAN Š. Political graffiti in the political symbolic space of Prague，Czechia［J］. Urban research & practice，2022，15（5）：679-698.

②　哈维. 马克思与《资本论》［M］. 周大昕，译. 北京：中信出版社，2018：75.

③　陈力丹. "用时间消灭空间"：马克思恩格斯传播技术思想研究［J］. 山西大学学报（哲学社会科学版），2012，35（3）：290-296.

视作短视频时空中的存在主体。

（一）信息的流动性存在

从短视频的媒介属性看，信息必然存在于短视频的时空域中，无论其类型如何，这些信息都会作为数据存在。因此，在分析信息的流动性存在时，亟待解决的问题不是信息是否存在，而是信息如何以流动性存在？信息的流动性存在的最直观的体现便是短视频的互动性，短视频本身就带有社交属性，通过点赞、评论以及分享等媒介社交行为实现用户与用户间的互动。互动行为虽然是产生于用户之间，但互动过程是置于短视频的时空中的，从用户的短视频生产实践来看，流动性能够通过互动行为实现，这种流动性不单单指向信息在短视频时空内的流动，也包含信息在短视频时空与现实时空的流动。

如果只是将信息的传播过程视作一种流动性，那这一过程并不需要对时间与空间给予过多关注。信息作为一种载体，目的是传递意义，信息的传递过程，也就是意义的扩散过程。短视频时空中的信息，在被接收者接收后，其传播过程便已完成。从信息的功能属性上看，此时的信息已经被解码并作为意义被接收者所理解，但是从意义传递过程来看，短视频所构造的时空域同样是意义传递的媒介与载体，且只要这个时空域存在，意义就存在于其中，并伴随意义互动过程实现信息的流动性存在。

（二）用户的媒介化存在

用户作为使用者，本身是置于现实空间的，为何同样能成为短视频时空域中的主体？回答这个问题前首先要解决的是，短视频作为数字时空是否能够被用户所感知。每一种新的传播手段的出现，不仅能够带来全新的信息生产、传递方式，更重要的是为其使用者提供了一种新的生存方式，这种生存方式被称作媒介化存在①。媒介化存在主要关注的是文化与社会的媒介化，而从社会媒介化角度来看，短视频对用户日常生活的呈现与介入，实际上模糊了媒介表达与现实生活的边界，使用户处于一种"视频化生存"的状态，视频窗口作为桥梁，将现实与虚拟世界连接起来，并促进二者的相互影响与相互流动②。因此能够明确的一点是，用户是存在于短视频所构造的时空域中的，其存在方式便是日常生活中的使用行为。

在将用户存在于短视频时空域的逻辑性梳理清晰后，就需要回答用户如何感知短视频的时空这一问题。前文提到，数字化的网络时空，就其本身而言是无法被人所感知的，因为数字信号无法作用于人体的感官系统，所以需要借助一定的符号化呈现方式。毫无疑问，短视频是对符号呈现形式调动最多的新媒体之一，依托智能手机而运行的短视频，将视频、图像、声音、文字乃至振动与跨设备交互等诸多形式集中于一种媒介，对使用者的视觉、听觉、触觉产生影响。因此，从用户的"视频化生存"以及用户对短视频时空的感知两个方面来看，用户是可以被视作短视频时空域中的存在主体的。

三、短视频中时空关系的再思考

（一）想象：媒介实践下的时空生产

时间与空间都是社会的构造物，这一观点最早由涂尔干提出，且已被学界广泛接受，但是在不同的学科背景下对时空的构造过程进行探讨，则

---

① 夏瓦.文化与社会的媒介化［M］.刘君，李鑫，漆俊邑，译.上海：复旦大学出版社，2018：116.

② 彭兰.视频化生存：移动时代日常生活的媒介化［J］.中国编辑，2020（4）：34-40，53.

会出现不同的理解，甚至产生冲突与矛盾。对于这一问题，哈维选择从四个方面对时间与空间是社会构造物的观点进行规范性阐释：首先，时间与空间作为社会构造物，并没有脱离物质运动过程，相反，时空概念正是在物质运动的时空属性基础上构造的；其次，时间与空间概念的构造过程，与其相对应社会时代的知识、技能等文化背景相联系；再次，时空概念一旦被构造出来，就会成为这一时期人们所必须遵守的社会规范，甚至部分社会结构都是在此基础上搭建的；最后，时间与空间的社会定义来自社会实践，又会对实践规范进行调节，简言之就是会介入社会再生产过程[①]。通过哈维对于时空构造的阐释可知，时空作为抽象概念确实是可以被构造出来的，且不同社会背景下时空生产的途径、形式与内涵皆有所不同。

1. 时间的空间化

作为绝对运动的尺度，时间的流动与消逝是不可逆的，任何将时间固定保存下来的行为，只能是对某一时间节点碎片的复刻，这种行为在哈维看来就是时间的空间化。哈维认为，所有的表达方式与表达系统都是将流动的体验空间化地固定下来[②]，简言之就是以空间抵抗时间的流动性。短视频作为通过各种符号形式传播信息的媒介，是哈维所提出的表达系统中的一部分，因此可以说，短视频中的时间生产是通过时间的空间化实现的。但需要注意的是，短视频作为媒介工具，本身并不能构造时间，而是在用户的媒介实践下，以短视频为载体，实现时间的空间化。用户通过短视频进行时间生产的媒介实践行为，一般而言都与某种媒介记忆相联系，追寻媒介记忆的用户，能借助短视频记录下某一重要时刻。例如，2022 年 6 月 19 日重庆菜园坝火车站停运，不少用户自发来到现场，用短视频记录车站

---

① 哈维 . 正义、自然和差异地理学［M］. 胡大平，译 . 2 版 . 上海：上海人民出版社，2015：241.

② 哈维 . 后现代的状况：对文化变迁之缘起的探究［M］. 阎嘉，译 . 北京：商务印书馆，2013：311.

最后的运行时刻，使得"重庆站"词条登上抖音本地热搜榜前五位。提到媒介记忆，就不得不回顾哈维对于场所精神（genius loci）这一概念的诠释，他认为"通过想象、话语表达等实践形式"所建构的时间能够呈现出自己的空间意义，这个意义就在于其能将"过去时间同未来时间相联系"，又能够承载"记忆与环境经验"[①]。审视这一媒介实践的过程可以发现，短视频以图像与视频形式所进行的时间节点复刻，使其以数据形式永久存在于网络空间中，不仅实现了"短暂存在"与"永恒存在"的融合，也能够实现短视频构造时间的记忆与环境经验的承载，简言之就是用户以短视频的影像实践"想象"了某一时空片段并使其以空间化而永久存在。

2. 空间的非物质化

仅从人体的物质实在角度看，物理距离是空间体验中最难突破的囿限，而想要实现异地的空间体验，只能诉诸虚拟形态，也就是从非物质实在的角度去构造空间。在没有考虑短视频的空间构造过程前，人们对短视频时空的描述与理解基本上集中在"是对现实时空的映射"，且这种映射与媒介技术关系密切。哈维将这种空间映射称为"空间的非物质化"，即空间被时间技术所消灭而摆脱物质限制[②]，所谓时间技术，其实是随着媒介作为一种工具而出现的概念统称，以书信报刊为代表的传统媒介，是以增强信息的流动性与流动速度来跨越现实空间的藩篱，但并不涉及"空间的非物质化"，用马克思的观点来解读，就是"用时间消灭空间"。而以短视频为代表的新媒介，是以对"现实空间的映射"的方式，实现现实空间的图像与数字化重构。也有学者将这种由短视频所完成的现实空间与想象空间的融合称为"异质化空间"，提出用户通过短视频映射现实空间的行为并不是镜

---

① 哈维.正义、自然和差异地理学［M］.胡大平，译.2版.上海：上海人民出版社，2015：352.

② 哈维.正义、自然和差异地理学［M］.胡大平，译.2版.上海：上海人民出版社，2015：320.

子式的复现，而是会在其中加入用户个人的空间想象与理解，并强调在媒介实践过程中要能够准确地把握空间特征与用户需求①。

哈维将由数字技术所构造的赛博（网络）空间称为"乌托邦的想象"②，在短视频中具体呈现为对"已消逝时间的想象"以及"现实空间的非物质化想象"，也可以视作对无法触及的社会现实的补充。总而言之，无论是时间的空间化还是空间的非物质化，都是用户通过短视频的媒介实践来"想象"短视频时空的过程，也就是短视频中的时空生产过程。

（二）介入：信息掩盖下的时空修复

当短视频中的可见性（visibility）与权力产生联系后，便赋予资本逻辑介入短视频时空的机会。用户的媒介实践所创作的短视频内容，能够建构短视频中的时空，至于所建构的时空能否被其他用户所感知，就存在一个关于权力的斗争。时空修复概念是哈维在其著作《新帝国主义》中用以描述资本主义积累过程的特征时所提出的③，其核心目的是解释资本扩张过程中的时空关系问题。哈维的时空观着重强调的一个特征就是流动性，在时空修复观点中体现为资本积累在时空中的分子化，即资本介入时间（速度）与空间（范围）以实现其资本循环过程④。在短视频时空中，这种资本的循环过程与信息的流动过程具有较高的一致性，也可以被看作信息的运动过程，资本的时空修复过程实际上被信息的流动过程所掩盖了。

1. 时间中的权力斗争

在哈维的时空修复理论中，对时间的关注主要集中在资本的流通速度

① 付若岚，周澄.异质性空间视角下短视频"地方感"的多重实践［J］.新闻界，2021（4）：55-61，72.
② 哈维.正义、自然和差异地理学［M］.胡大平，译.2版.上海：上海人民出版社，2015：319.
③ 哈维.新帝国主义［M］.付克新，译.北京：中国人民大学出版社，2019：67.
④ 哈维.新帝国主义［M］.付克新，译.北京：中国人民大学出版社，2019：55.

以及循环速度上，并认为资本的流动过程相较于资本的生产过程而言更重要①，换句话说，资本的流动过程也是一种价值生产环节。短视频时空中信息的流动性使资本有了介入现实时间的机会，从用户体验的角度来看，时间的权力斗争主要体现在时间感的消失上。2021 年中国网络视听发展研究报告显示，短视频用户的日均使用时长为 125 分钟，且超过 53% 的用户表示每天都会使用短视频，如果按平均每条短视频为 20 秒的话，每个用户每天会浏览超过 360 条短视频。一方面，这种持续且快速的影像刺激以及短视频"刷不到头"的内容推荐机制，会让用户不由自主地沉浸在短视频营造的想象幻境中，使用户基本感受不到时间的流逝；另一方面，用户的使用并不是一种固定的、连续的行为，碎片化的使用时间覆盖到用户日常生活的各个阶段，甚至将对短视频的使用当作日常生活中的一部分。用户的使用时间完全是其自己决定的，这样看似乎用户处于权力斗争的优势地位，但实际上短视频平台是可以引导用户的使用行为的，"资本流动与循环过程的加速，预设了消费习惯与生活方式更快速的转变"②，简言之就是资本通过用户的短视频使用行为，介入对时间的争夺中。

2. 空间中的权力斗争

哈维认为，实现空间修复的前提是信息通信技术以及运输产业的发展，互联网以及数字信号满足了资本分子化的条件，并为其跨区域竞争乃至全球扩张提供了基础③。既然资本的分子化使其能够介入现实空间，那空间是否就成为资本的一种形态？这个问题可以用布尔迪厄的社会资本观点来进行解读：布尔迪厄对资本形态进行分析时，是将其置于"场域"内的，即资本本身就具有空间的隐藏属性，而资本的扩张又展现出对空间的占有意图，换句话说就是资本的空间化同时促成了空间的资本化，使空间成为资

---

① 哈维 . 新帝国主义［M］. 付克新，译 . 北京：中国人民大学出版社，2019：64.
② 包亚明 . 现代性与空间的生产［M］. 上海：上海教育出版社，2003：393.
③ 哈维 . 新帝国主义［M］. 付克新，译 . 北京：中国人民大学出版社，2019：69.

本的一种形态①。在短视频中，空间资本的权力斗争同样是以可见性的形式存在的，其中最具代表性的就是短视频中的城市形象与传播。根据巨量算数发布的抖音美好城市榜可以看出②，重庆拿下双榜单的头名，可以当之无愧地被称为网红城市；而《2021 美好城市指数：短视频与城市群繁荣关系白皮书》中所列举的抖音用户印象最深城市排名中，成都、上海、重庆分列前三位③。城市形象的媒介化编码与表达过程中存在隐含的权力关系与斗争，并且短视频中城市形象的设计、传播与资本的流动性存在密切联系，在对特定影像符号的使用、特定媒介事件的介绍上，赋予城市形象"权力属性"上的合法性④。

需要明确的是，短视频时空中的权力斗争问题与福柯所提出的"权力空间化"有所不同。福柯主要强调空间是作为权力争夺的物质领域而存在的，也就是空间本来就是权力争夺的对象；而在短视频时空中，权力争夺主要集中在与视频文本相关的注意力、可见性以及话语权等方面。资本以信息形式介入短视频的时空，又以短视频时空的可见性介入现实时空，从而实现资本的时空修复，信息传递过程掩盖了资本的运动过程，而资本的运动过程又隐含了时间与空间中的权力斗争。可见性并不单单指涉用户能够看到短视频内容，更重要的是短视频所呈现的现实空间能否被看到。网红城市的出现只是时空修复影响短视频时空的冰山一角，城市边缘群体的可见性、亚文化内容的可见性以及偏远地区的可见性背后同样存在着权力斗争，而时空修复则为解释上述情况提供了新的视角。

---

① 张梧.资本空间化与空间资本化［J］.中国人民大学学报，2017，31（1）：62-70.

② 巨量引擎城市研究院.2022 年 2 月：抖音美好城市榜［EB/OL］.（2022-03-23）［2022-06-20］.https://trendinsight.oceanengine.com/arithmetic-report/detail/659.

③ 巨量算数.2021 美好城市指数白皮书［EB/OL］.（2022-06-22）［2022-06-25］.https://trendinsight.oceanengine.com/arithmetic-report/detail/368.

④ 王建磊.空间再生产：网络短视频的一种价值阐释［J］.现代传播（中国传媒大学学报），2019，41（7）：118-122.

（三）耦合：感知交互下的时空压缩

后现代性的时空体验到底有什么特征？在詹明信看来，时间感的消弭是首要的，现实生活中充斥着各种各样的对过去、未来的影像呈现，使线性的、连续不断的时空割裂为一个个的"现在"；与时间感相对应的空间体验依然存在，但在信息全球化流动以及多元文化的互动与影响下，人们无法通过感官调动来将对现实空间的感知体验组织起来，简言之就是过去积累的空间经验已不再适用①。詹明信的观点与哈维在其著作《后现代的状况：对文化变迁之缘起的探究》中提出的时空压缩观点不谋而合，两人都从人作为时空感知主体的现实体验出发，对后现代性下的时空进行考量②。但仔细思考的话，其实两人的观点还是存在着一些不同之处的，詹明信面对此种状况，将解决方法寄希望于文化、精神与意识的抵抗之中，而哈维更愿意诉诸重构时空体验的理解，类似于尼采所提出的"创造性的破坏"与"破坏性的创造"③，而这种时空体验的重构就被哈维总结为时空压缩。

1. 感知交互下的时间压缩

哈维将时间压缩描述为"现存即全部"，在短视频中，这种时间体验是以用户对媒介时间的现实感知来实现的。卞冬磊等将媒介时间的特征描述为瞬时性、离散化以及无序性，在其看来，自广播作为媒介技术出现之后，瞬时性的体验就已经走向极限了，电视、互联网只不过是在信息传输质量与形态上加以改进④。那是不是就意味着短视频中用户的瞬时性体验也

---

① 詹明信.时间性的终结［J］.李芳凝，译.上海文化，2018（6）：59-72，126.

② 哈维.后现代的状况：对文化变迁之缘起的探究［M］.阎嘉，译.北京：商务印书馆，2013：324.

③ 哈维.后现代的状况：对文化变迁之缘起的探究［M］.阎嘉，译.北京：商务印书馆，2013：335.

④ 卞冬磊，张稀颖.媒介时间的来临：对传播媒介塑造的时间观念之起源、形成与特征的研究［J］.新闻与传播研究，2006（1）：32-44，95.

没有出现什么变化？其实不然，短视频是当前媒体中信息呈现形式调动最多的媒体之一，在短视频全方位的感官刺激以及不间断的内容推送下，用户被浸没在各种最新发生或最新创作的视频内容中，似乎在与全世界共享同一时刻，这就是哈维所说的"现存即全部"。除此之外，短视频中的倍速播放、快速剪辑等功能的存在，使用户的时间体验从追求瞬时走向更高的维度，即追求加速。在罗萨看来，在现实时空中，人们享受着技术带来的便捷性以及高效率，但可支配的自由时间并没有因此变多，在感觉上反而变少了，因此人们无论是在工作还是在娱乐中，都希望在有限的时间内尽可能多地体验事件，这可以说是现实时空与人的感知交互；而在短视频中，用户碎片化的使用行为，使短视频填满了人们每一个时间的空隙，可以说，人们对短视频的依赖和被短视频控制的程度越发强烈了[①]，这便是短视频时空与人的感知交互。无论是现实时空还是短视频时空，时间压缩的体验是真实的，而且这种时间体验不仅呈现为"瞬时感"，还呈现为"加速感"，并最终指向人时间观念的变化。

2. 感知交互下的空间压缩

相较于时间压缩，哈维更加强调空间压缩，在哈维看来，造成这种理解的原因是，时间压缩是在空间的再造、转化与压缩的基础上实现的，正是因为人们突破了空间中的距离限制，所以才能拥有时间上的瞬时感。社交属性是短视频本身的固有属性，因此在理解短视频中的空间压缩时，可以将短视频视作社交媒体（或称为社会化媒体）。刘涛强调社会化媒体的空间实践与空间压缩体验的联系[②]，包括社交关系的建立以及其他仪式化的活动，而在短视频中则主要体现为用户之间的互动行为。其他新媒体中（如

---

① 连水兴，邓丹.媒介、时间与现代性的"谎言"：社会加速理论的传播批判研究［J］.现代传播（中国传媒大学学报），2020，42（6）：37-42.

② 刘涛.社会化媒体与空间的社会化生产：戴维·哈维"空间压缩思想"的当代阐释［J］.西北师大学报（社会科学版），2014，51（2）：45-51.

微博、微信等）的用户是以符号化建构的文本内容来编织自己的社交关系，而短视频中的用户可以通过视觉图像的呈现来直接介入对方的时空中建构社交关系。在同一时间维度中，处于社交互动中的短视频用户能够体验到多个空间场域的耦合，主要包括互动双方自然存在的地理空间、短视频成像的想象空间、信息传递的媒介空间以及宏观维度上的网络空间，除了宏观的网络空间外，其他每个空间都是用户可以直接感知的。具体的耦合过程就是短视频成像的想象空间介入现实空间、网络空间以及媒介空间中，相互作用并产生影响，从而增强用户的空间感知体验。

人们对于时空压缩似乎只有两种相对应的态度，一是"回首过去"，二是"憧憬未来"，前者是以复古来抵抗现存，后者则是以"生成"来逃避现存[①]，但无论哪一种态度，都与哈维的时空辩证运动思想相左。哈维本人并未提出应对时空压缩的方法，但从短视频中用户的时空体验看，现在的人们似乎还并未对这一现象产生太大的负面情绪。

结　语

短视频中的时空生产、时空修复与时空压缩并不是单独存在的，而是有一条以信息的流动性与用户的感知体验为基础串联起来的脉络，这条脉络同样是短视频时空与现实时空之间交互性的体现。一语以概之，就是用户的媒介实践（想象）在短视频中映射现实时空，被建构的时空以信息的形式进行流动与传播；信息的流动带来资本的流动，并产生短视频时空中的权力争夺（介入），且这种权力争夺也会对现实时空的可见性产生影响；在这个影响过程中，以用户的感知与体验为基础的时空交互（耦合），又将短视频时空、现实时空以及意象时空融合起来。

---

① 傅立宪.时间与空间的双重变奏：大卫·哈维的空间哲学探赜［J］.江西社会科学，2013，33（3）：29-33.

　　短视频承载了许多全新的媒介技术与信息技术，这是需要重新对短视频时空关系进行思考的一个重要原因。斯蒂格勒认为，新技术的出现会摧毁传统的社会模式（包括对时间、空间的认知），并赋予人们新的对知识、自然与政治概念的理解①。这种观点似乎有些悲观，甚至可以说是危言耸听。但不可否认的是，技术确实会对人的认知产生影响，每一种新技术的出现都会对某些旧有观点与思考产生冲击，哈维也将时空概念与其所产生的社会背景相联系，同样认为技术能够再塑社会的组织结构。

---

① 斯蒂格勒.技术与时间 1：爱比米修斯的过失［M］.裴程，译.南京：译林出版社，2012：98.

参与、本真、圈层：Vlog 影像的文化表征

孙玉珠

摘要： 本文从视觉文化研究视角出发，通过互联网民族志法和半结构深度访谈法，对粉丝量级覆盖范围由百到百万的 16 位 Vlogger（视频记录者）进行了深入访谈，以此挖掘 Vlog（视频记录）生产者的内心动机。他们表现出参与式生产下的能动性、对本真自我和日常生活的歌颂，同时，在对这个圈层的不同群体的分析中发现了明显的差异与区隔。

关键词： Vlog；视觉文化；参与式生产；圈层区隔

作为一种新兴的视频表达形态，Vlog 内在视觉主因的激活赋予媒介某种力量，并由此影响着文化的发展趋势，催生出一种新的文化样态。追溯其深层机制，正是视觉的建构性规定了视觉文化的功能，而视觉表征所形成的表意实践为这一建构性提供了可能。① 在斯图亚特·霍尔（Stuart Hall）看来，表征具有两层意义，"其一是描述或模拟它，通过描绘或想象而在头

---

① 周宪.视觉建构、视觉表征与视觉性：视觉文化三个核心概念的考察［J］.文学评论，2017（3）：17-24.

脑中想起它；其二是指象征、代表、做什么的标本或替代"①。换言之，表征一方面指用媒介重新呈现，另一方面指涉意义的生产，将其挪用到 Vlog 的影像实践中，意味着 Vlog 具有记录现实生活与反映背后文化隐喻的双重含义。

本文选取了 16 位微博 Vlogger 进行半结构深度访谈，访谈样本涵盖"头部"、"腰部"和"尾部"不同层次的 Vlogger，粉丝量级由百到百万，以此挖掘不同水平的 Vlogger 在视觉文化实践下的异同点。根据"信息饱和原则"，当受访者数量达到 16 位时，答案出现重叠，难以挖掘更多新的信息，访谈材料收集工作基本完成。此外，由于笔者长期关注微博等社交媒体，并具有参与 Vlog 生产与传播的经历，能够透过直接的互联网观察与体验探索视觉媒体背后的文化意义。

一、参与式生产：能动的个体

全民 Vlog 风潮又一次宣告了大众的胜利，抑或是参与式文化的大放异彩。正如美国学者亨利·詹金斯（Henry Jenkins）所言："消费变成生产，阅读成为写作，旁观者文化成为参与性文化。"② 起初，参与式文化奠基于对粉丝群体的重新审视，后又面向更大范围内的受众。以记录生活为宣言的 Vlogger 更像是参与式生产的代言人，将生活搬至前台，在能动地摄录、表达和创造中标榜个体，重塑自我与粉丝的关系。

（一）影像个人主义

日志体 Vlog 取材于人们的日常生活，以呈现自我、书写自我为核心，

---

① HALL S.Representation：cultural representation and signifying practice［M］. London：Sage Publications，1997：16.

② JENKINS H. "Star Trek" return，reread，rewritten：fan writing as textual poaching［J］.Critical studies in mass communication，1988，5（2）：85-107.

在"我拍故我在"的倡导下逐渐发展出一种影像个人主义。这种主义关注自我、理解自我和审视自我，代表了技术和社会赋权下的个体激活和解放，带有极强的自主性、表达欲以及分享的渴望。在 Vlog 打造的文化世界中，明星、网红、"草根"等各类群体相继涌入，共同参与生产。随着简易的拍摄、剪辑技术的发明，Vlogger 正毫不费力地"转型"为生活的"导演"，在方寸"银幕"前分享着带有个人烙印的"微电影"，他们互相学习借鉴，正式或非正式地向前辈取经，期待自己的作品能带给更多人正能量。

　　一方面是记录生活周围更加美好的事情，另外也给周围更多人传递美好吧，毕竟生活中已经有太多丧的事情。（访谈人4，文案策划）

追溯影像个人主义的崛起，可以发现，背后有更为原始的诉求。存储过去，拯救它们以永生是人类最为朴素的愿望，这种持久的冲动在于"过去向我们提供了可看的图像"[①]，而 Vlog 所记载的这一份过去因为于己的唯一性受到格外的珍视。在这个意义上，"过去"被"当下"选中，带到"未来"，被时间离间的过去又因与时间重新建立联系而继续保持光彩。更重要的变化是，经历和情绪由人产生，却又逐渐分离于人，延伸到体外可视化记忆，被文字、声音、图像和影像等一系列要素的组合承接。

　　Vlog 这种记录形式，我个人感觉就像是在拍摄自己的微电影，我希望拍出来的内容是有价值，且对我来说是有意义的。（访谈人2，学生）

从更宏观的社会现实来看，影像个人主义的崛起离不开生产和消费范

---

① 霍利.回视：历史想象与图像修辞［M］.王洪华，译.重庆：重庆大学出版社，2020：35.

式的转变。以往，技术封闭导致认知的渠道匮乏，人们习惯性地只向媒介索取，八小时工作制还停留在与资本协商的政治层面上。然而，技术的进步带来了"全世界受教育公民的自由时间的集合体"①。曾经"把个体当作不可替代的需要的领域，就是个体作为消费者的领域"②，如今，"认知盈余"时代的到来赋予"消费者"另一重身份。人们从单纯的媒介消费者转向媒介生产者和创造者，通过自由支配闲暇时间、专业知识以及蓄势待发的热情，大胆表达自我，拿起相机记录身边的趣事。从这一点来看，正是个体的纷繁复杂，才造就了社会的精彩纷呈，个人主义的发现与放大正在构建一个主体性、能动性、人文性不断增强的多元化社会。

（二）介入与分离

当参与式文化的福祉惠及普罗大众时，也在提醒人们反思起初被其庇荫的粉丝社群的走向。植根于社交媒体平台的 Vlog，伴随着内容创作的使命和责任，始终需要审慎处理粉丝与博主的关系。詹金斯将电视粉丝视作"文本盗猎者"，他们"积极挪用文本，并以不同目的重读文本"③。其中，"盗猎"一词由米歇尔·德·赛杜（Michel de Certeau）提出，指"在属于别人的土地之间迁徙，就像游牧民族在并非自己写就的田野上一路盗猎过去，掠夺埃及的财富以获得自我的享受"④。从根本上讲，"盗猎"的流行是对读者身份的重新界定，是对粉丝集体主动性的承认。在此，本文借用"文本盗猎"的概念，提出"形式盗猎"，意为 Vlog 社群中的 Vlogger 通过

---

① 舍基.认知盈余［M］.胡泳，哈丽丝，译.北京：中国人民大学出版社，2012：13.

② 波德里亚.消费社会［M］.刘成富，全志钢，译.南京：南京大学出版社，2000：75.

③ 詹金斯.文本盗猎者：电视粉丝与参与式文化［M］.郑熙青，译.北京：北京大学出版社，2016：22.

④ DE CERTEAU M.The practice of everyday life［M］.Berkeley：University of California Press，1984：174.

借鉴模仿其他 Vlogger 的剪辑风格、运镜方法等技术形式特点，为我所用，糅合到自己的视频创作中。相较于传统的粉丝挪用，Vlog 圈层内的攫取是双向的，Vlogger 不仅生产自我，同样也是他者的粉丝。此时，观看与创作是合一的。需要注意的是，"形式"而非"文本"才是构成这个群体盗猎的基础，原因在于前者具有通约性，且自带客体属性，能够被主体有效吸收，而后者作为主体的一部分，无法在"生活志"的定位下复制，也不可能成功。

> 每个人的生活都不一样，可能看那些比较厉害的器材党那种博主，比如他们的运镜，他们的剪辑方向，内容上的话其实没什么可借鉴，因为别人的生活我也模仿不来。（访谈人15，时尚博主、服装品牌经营者）

这一清晰的认知，反映在 Vlogger 与纯粹的观众身上，同样显现出对立统一式的分离—介入状态。相较于抖音、快手等快餐式短视频，Vlog 产生的社会化影响是潜移默化的，但是这种影响一旦生效，便会建立起牢不可破的黏性关系。与明星—粉丝互动不同，Vlog 博主—粉丝的关系更为平等，私人日常、普通人视角以及亲切的真实感都为彼此深度交流提供了可能。"粉丝是支持的动力"以及"粉丝像身边的朋友"是 Vlogger 允许观看者积极介入自身世界的直观感受。

> 我现在身边最好的朋友都是在微博、B站这些平台上，通过 Vlog 认识的。（访谈人12，留学生、美食博主）

但是，在可贵的情感联结之外，更多的交流处于"潜水"状态，也有一部分出自功利的需求回应，昙花一现。因此，以服务自我（兴趣、娱乐、回忆）为首要目的的 Vlogger 对粉丝的参与也表达出乐观的态度。

> 有结识到新朋友，但都局限在网上。我最初拍摄 Vlog 不知从何开始，就私信了一个粉丝不太多但定期更新视频的博主，我们经常给一个大 V 博主点赞或评论，所以比较眼熟。我和他进行了一些简单的交流，第一条视频剪出来之后还让他提了建议，到后面会经常互相点赞之类。还有一些朋友是通过各自朋友点赞的方式关注到我的视频，但也就止步于互相关注。（访谈人9，公务员）
>
> 如果没人看，我也会选择拍给自己看，记录美好生活。（访谈人1，老师）

无论是热情的介入，还是有克制的分离，都是 Vlogger 自主的选择，个体的能动依旧以效忠自我为前提。这也再次证明了 Vlog 的瞄向，致力于袒露自我与建立关系，却不会轻易被"他者"所绑架。

二、本真的回归：尊重真实

影像的魅力在于它具备镜头语言，而屏幕的介入不仅为确立此处和彼处提供了必要的界面条件，还为区隔现实空间和虚拟空间准备了技术前提。对于日渐壮大的文化社群新秀来说，Vlog 最大的吸引力来自对真实的保留，以及对日常的发现与讴歌。

（一）探求镜像中的真实自我

时空的分离并没有放弃身体对于叙事的高度占有，虚拟世界与现实世界的联动表明身体的缺席只是相对于他者而言的，主动的自我披露正在以另外一种方式证实着身体在场。身体作为主体社会化的必要物质手段，通过混淆人类角色表演的活动区域——前台和后台的界限，在 Vlog 的生产和传播中发挥着举足轻重的作用。个体会根据既往经验，迅速调整为"理想的自我"来应对面对面的人际交往。当表演舞台切换到社交媒体场域中，有学者认为这种自我呈现"更接近于一种'陈列'"①。我们在偌大的网络中释放自己的情绪，等待陌生或熟悉的访客来访，"一对多"的展示—观看关系虽然允许了规模上的表现扩张，但也带来了对话的难以预测。因此，为了避免不必要的误解，"表演"成分依旧存在。但是，与短视频的强表演属性不同，Vlog 注重记录的特点让 Vlogger 更在意追求真实的自我。

　　我在开始做博主之初就告诉自己，尽可能展现自己最真实的模样。喜欢我的人自然会产生共鸣，不喜欢我的人我也无须去迎合。但即便如此，我也不敢说网络上的那个就是100%的悉悉，能达到70%就很不错了。（访谈人12，留学生、美食博主）

　　真实最重要，表演出来的Vlog 没什么记录意义，违背初衷。（访谈人11，学生、设计美学博主）

　　因此，与其说镜像自我是在"表演"人设，不如说是"放大"自我。通过重复、夸张、强调等方式突出自己的人物特点和喜好，以此保证个体风格前后的一致性和特殊性。无论是"独异性"的社会要求，还是个人日志的题中应有之义，"风格化"成为众多 Vlogger 极力趋近的方向。在消费社会的逻辑下，"当代垄断性生产决不仅是物质财富的生产，而一直也是关系和差异的（垄断性)生产"②。而垄断之所以能和差异相融，是因为个人的

---

① 董晨宇，丁依然. 当戈夫曼遇到互联网：社交媒体中的自我呈现与表演［J］. 新闻与写作，2018（1）：56-62.
② 波德里亚. 消费社会［M］. 刘成富，全志钢，译. 南京：南京大学出版社，2000：82.

差异只是"对某种编码的服从、他对某种变幻的价值等级的归并"①。Vlog 内容创作同样面临这样的困境,每个人都渴望找到自己的调性和风格,但又不知不觉掉入同质化的陷阱。由是,差异在成为令人艳羡的目标的同时,也沦为工业化批量生产的代价。

数量够多了,但真正让人眼前一亮的作品不多,除了流水账还有很多可以拍的东西。(访谈人 16,专职 Vlogger)

从绘画到照片再到影像,视觉霸权让生活着的我们不断接受着"来自可视过去(visual past)与仿像(simulacrum)的双重压力"②。如今,Vlog 仍旧继承着"再现真实"的悠久传统。在罗兰·巴特(Roland Barthes)看来,"影像实际上是被摄物发出的光。那里曾有过一个真实的物体,光线从那个物体发射出来,最终触及此处的我"③。在 Vlog 影像中,被摄物即为"我",并最终返回到"我"。不管这种自我凝视的前提是否完全真实统一,至少其流露出的对自我的观察与探寻值得被承认。

(二)讴歌生活中的平凡日常

马丁·海德格尔(Martin Heidegger)指称的"图像时代"的发展不断为我们带来五彩缤纷的视觉奇观,因此,已经"'以日记的名义'被表征为一场美学实践"④的 Vlog"蕴含的文化意蕴是复杂的,它至少表明了视觉

---

① 波德里亚.消费社会[M].刘成富,全志钢,译.南京:南京大学出版社,2000:82.

② BURGIN V. The end of art theory: criticism and postmodernity[M].London: Macmillan, 1986: 167-170.

③ BARTHES R.Camera lucida[M].London: Vintage Classics, 1993: 80-81.

④ 刘涛.从 Blog 到 Vlog:电子日记的另一副面孔[J].教育传媒研究,2019 (4):10-13.

文化与感性的、直观的和快感的文化之间的内在联系"①。相较于抽象的和严谨的语言文化，视觉文化的盛行印证了理性的坍塌，建立起"秘索斯"（mythos）对"逻各斯"（logos）的基本优先权。视觉形象的塑造逐渐绕过精英的笔墨，来到普通人的脚下，交还大众书写自己的权利。可以说，形式的革命带来了平民的胜利。

> 我是纯记录生活碎片，所以不会写脚本之类的，想记录什么就记录什么。（访谈人3，学生）

如果短视频意味着对其他人的取悦，那么 Vlog 便是以一种重新启用"发现美的眼睛"换来对自己的救赎。俄国形式主义者维克托·什克洛夫斯基（Viktor Shklovsky）曾在 20 世纪初提出"陌生化"（defamiliarization），他认为，"对熟悉的事物，主体仅仅是机械地应付它们，艺术则是要克服这种知觉的机械性，艺术的存在是为了唤醒主体对生活的感受"②。我们无法轻率定义 Vlog 为艺术，但它以日常为主因的特色的确激活了我们对最平凡生活的热情。通过延长感觉的过程，提升审美的能力，让熟悉的事物重焕生机，无聊的日常变得有趣。其中，"取消语言及文本经验的'前在性'"③ 是这一行动的主要手段，即"将习以为常的、陈旧的语言和文本经验通过变形处理，使之成为独特的、陌生的文本经验和符号体验"④。

自称是"B 级旅行"⑤ 风格的 Vlogger@ 史里芬 Schlieffen 关注奇葩、荒

---

① 周宪 . 视觉文化的转向［J］. 学术研究，2004（2）：110-115.

② 杨向荣 . 陌生化［J］. 外国文学，2005（1）：61-66.

③ 杨向荣 . 陌生化［J］. 外国文学，2005（1）：61-66.

④ 杨向荣 . 陌生化［J］. 外国文学，2005（1）：61-66.

⑤ "B 级"就是指怪诞的、怪异的、不被主流所关注到的景观。参见：王昱 . 独家 | 史里芬：像匠人一样生产 B 级旅行 Vlog［EB/OL］.（2019-12-03）［2022-12-01］.https://www.thepaper.cn/newsDetail_forward_5126327.

诞甚至有点魔幻的建筑"奇观"，视频风格鲜明，语速快，语言诙谐，直言调侃粗暴美学。在访谈中，他坦言自己拍摄 Vlog 的初衷是"展现生活当中离我们很近但在互联网上却离我们很远、很不被注意的事，我想让人们承认生活本来的样子"。（访谈人 16，专职 Vlogger）可见，就算是我们再熟悉不过的日常，依旧有被忽视的角落，只要对其进行适当的处理，就能达到"陌生化"效果，这也是 Vlog 的美学价值。

> 拍摄 Vlog 对我来说是一件幸福感很强的事情。通过拍摄并剪辑视频，还能发现很多生活中暖心的小细节，我觉得这也是一种定期复盘生活的方式。（访谈人 9，公务员）

进一步讲，Vlog 不仅让我们发现美，还在提醒我们"诗意地栖居"，延伸出美学之上的民主内涵。英国文化研究学者雷蒙·威廉斯（Raymond Williams）秉承文化研究学派的学术传统，关心身处社会底层的工人阶级，在《文化与社会：1780—1950》一书中，明确表明了其马克思主义立场。其中，他对于"文化作为一种整体的生活方式"[1] 的推崇，振聋发聩。这种意义下的文化"引导我们构想真正的人类完美，应是人性所有方面都得到发展的和谐的完美，是社会各个部分都得到发展的普遍的完美"[2]。威廉斯曾将文化划分为理想的、文献式的和社会的等三种类型，其中社会的定义便指文化"不仅是在艺术与知识之中，也存在于制度与日常行为之中"[3]，体现了对于日常文化生活的高度肯定。必须承认的是，威廉斯的文化定义稍显

---

[1] 威廉斯.文化与社会：1780—1950 [M].高晓玲，译.长春：吉林出版集团有限责任公司，2011：93.

[2] 威廉斯.文化与社会：1780—1950 [M].高晓玲，译.长春：吉林出版集团有限责任公司，2011：129.

[3] 威廉斯.文化与社会：1780—1950 [M].高晓玲，译.长春：吉林出版集团有限责任公司，2011：50-51.

宽泛，并且"没有关注历史发展中的种种冲突和斗争，忽视了社会生活中不平等、剥削和权力关系"①，但是其做出的文化努力，确实让我们短暂地忽视了阶级对立，看到一种"共同文化"的可能，也让我们对任何普通的、当下的生活怀有敬意。

三、圈层的较量：对话异同

文化的辐射与接受向来不是均等的，也就造成了圈层的区隔。互联网的发展为重构圈层关系提供了可能，但也延续了圈层的现实权力状态。在Vlog这一圈层下，也隐匿着向外和向内的抗争。圈层之间的较量明显可见，但是也释放出对话和解的信号。

（一）圈层之异：品位、区隔与标准

传统意义上，文化圈层的分化标准多为血缘、地缘、业缘，稳定而持久是以往圈层的主要特质。如今，网络基因的介入使得趣缘成为主要的聚散因由。凭借喜好连接的关系表现出极大的流动性和松散性，一方面，人们可以因为彼此"志同道合"迅速升温，另一方面，也会由于较低的社交拒绝成本逃离原有社群。可以说，身份和角色的即时切换在这个时代再平常不过。不过，这种自由的归附和叛逃可能还涉及更为复杂的文化区隔问题。

首先，文化差异反映了美学层面的分歧。"身份的体验记述的不仅是一个社会过程、一种交互的形式，还是一种审美过程。"②然而，"美学上的厌

---

① 张劲松，唐筱霞. 文化是一种整体的生活方式：解读雷蒙德·威廉斯的《文化与社会》[J]. 内蒙古社会科学（汉文版），2013，34（4）：22-27.
② 霍尔，杜盖伊. 文化身份问题研究[M]. 庞璃，译. 郑州：河南大学出版社，2010：130.

恶往往导致全盘道德交流障碍和社交阻隔"。① 因为"品位区别不仅决定了文化形式是否理想，更决定了人与文化产品产生联系的方式、解读文本的策略以及消费方式是否理想"②。短视频用户与 Vlog 用户圈层的低度交叉反映了视觉美观的差异，以小而精、精而美为定位的 Vlog 被看作对以扮丑和戏谑为旨趣的短视频的一种对抗与消解。另外，这种区隔还"发挥类似于一种社会导向的功能……引导着社会空间中特定位置的占有者走向适合其特性的社会地位，引导他们走向能够为相应位置的占有者带来利益的实践和商品"③。

> 在我看来，Vlog 更像是在叙述一件事或者是某种情绪，现在 Vlog 趋向于全民化，用视频记录生活，短视频更偏向于商业娱乐性质。（访谈人6，学生）

> 现在网络上的大多数短视频往往是娱乐至上，没什么营养，仿佛只要能吸引流量就是成功的，乱象丛生，所以其实我自己平时基本不会主动去看短视频。相较而言，以记录为主的 Vlog 显得更为纯粹，能够更真实地用视频的形式，给观众呈现身处不同国家、来自不同领域、有着不同身份的人的最平常的模样。（访谈人12，留学生、美食博主）

其次，文化品位受制于特定的个人和环境因素。在皮埃尔·布尔迪厄（Pierre Bourdieu）看来，"个体每一次进行利益最大化的选择时所参照的标

① 詹金斯.文本盗猎者：电视粉丝与参与式文化［M］.郑熙青，译.北京：北京大学出版社，2016：15.
② 詹金斯.文本盗猎者：电视粉丝与参与式文化［M］.郑熙青，译.北京：北京大学出版社，2016：15.
③ BOURDIEU P. Distinction：a social critique of the judgement of taste［M］. Cambridge：Harvard University Press，1984：466-467.

准都来自过去的生活经验"①。这便是"习惯"带来的影响。同时，文化资本的积累也造就了经验的厚度与水准。文化资本主要分为具身化的（头脑中的知识）、客体化的（书本、唱片等）和制度化的（文凭、证书等）三种类型。任何类型资本的不同程度的加持都会拉大高度依赖生活经历与文化水平的 Vlogger 之间的差距。事实也证明，有着丰富人生阅历、职业体验和荣誉财富的 Vlogger 更容易受到关注，成为圈内的佼佼者。

由此，位于不同层级的 Vlogger 对于 Vlog 的未来表现出截然不同的态度。普通业余的 Vlogger 坦言只想"纯粹地记录生活"，而有一定粉丝基础并且以 Vlog 为专职的专业 Vlogger 则希望挖掘更多的新元素，助力 Vlog 向好发展，由此体现出专业高度所造就的责任选择的差异。不过，更宽泛地来说，对于谋生手段相异的两类群体，这本就是不同职业群体的自然选择。

比如，初代 Vlogger@ 孙东山 s 在访谈中提到两个名词，一个为"撕裂感"，一个为"失真"，这也是他认为目前 Vlog 行业缺少的东西。

> 有个名词，我叫它撕裂感，在国内很多 Vlogger 没有把这种撕裂感搬出来……失真处理手法就是一切脱离于现实肉眼可见的特效也好，或者叙事逻辑也好，我都归为失真。比如当你在看一个歌舞剧的时候，我跟你在对话，对着对着，我突然唱起了歌，这就叫失真处理手法。精准的失真，从专业角度来讲，是素人永远都做不到的一个点，这也直接导致了他们的作品观赏性较低。（访谈人 13，导演、摄影师、初代 Vlogger）

> 期待更多不为常人所知的视角出现，Vlog 的创作主体不只是大学生或者初入社会的年轻白领，Vlog 呈现的内容也不只是校园生活和吃

---

① 范文. 品味：一种文化的等级秩序 [J]. 湖南社会科学，2019（4）：32-38.

喝玩乐。就我个人而言，希望继续专注于魔幻之旅，这段旅途中有趣的地方、有趣的事情、有趣的人都值得呈现，尤其是后两类。（访谈人16，专职Vlogger）

总而言之，我们需要承认从美学层面延伸出的道德批判，因为品位的导向在一定程度上超越了实用的感官价值，代表着精神价值观的褒贬。我们也必须面对从个人资本出发的经验鸿沟，以及关乎"谋生还是兴趣"的不同期待。不过，从视觉影像的长远发展来看，任何一方都不必过早地接受暴政式的审判，可能抛开特定的偏见，以包容和开放迎接有别，才是最稳健的态度。

（二）圈层之和：人本、叙事与真诚

面临不同文化圈层带来的误读与矛盾，彼此的有效交互显得格外重要，因其可以"开启新的经验，而能面对和修正较基本的文化情绪（恐惧和焦虑），并能理解他者系一种不同的文化，而非自己文化的投影或延伸"[①]。据此，去自我中心主义和文化社群间的平等互惠成为可能。对话的基础主要有两个方向，一是寻找公约数，二是以宏观格局为背景，明确各自优势，各尽所长。这一思想在Vlog与短视频以及专业和业余的Vlogger之间是通用的。

Vlog对于生活的发现与赞美，同样也是短视频的文化基调，因为对于短视频来说，"'生活化'也是一种基本的表达策略"[②]。因而，当我们将视野定位至离我们最近的衣食住行时，便能够建立某种共通的意义空间，搭

---

① 霍尔，杜盖伊.文化身份问题研究［M］.庞璃，译.郑州：河南大学出版社，2010：104.
② 彭兰.短视频：视频生产力的"转基因"与再培育［J］.新闻界，2019（1）：34-43.

建起 Vlog 与短视频对话的桥梁，而这背后，其实是对于"实实在在地活着"的"人"的认可。另外，轻快、简单的短视频能够担负连接、导引的效率责任，对内容质量要求更高的 Vlog 便可以发挥更深远的社会价值，二者共同服务于视听行业的发展。

回到 Vlog 圈层内部的调和中，专业 Vlogger 和业余 Vlogger 的并存，尤其是业余 Vlogger 数量和热情的增长恰好代表了这个行业的高度包容性。UGC（User Generated Content，用户生成内容）与 PGC（Professional Generated Content，专业生产内容）的合作不仅能使创作动力源源不断，还能在一定程度上保障内容池的水准，以良币驱逐劣币，推动 Vlog 长效发展。此外，"Vlogger"这一统一的身份仍然让这 16 位访谈对象达成了内容创作上的共识，那就是保持"真诚"与认真"叙事"。

> 一个好的 Vlog 作品需要好的构思和 Vlogger 本身独特的风格，还有就是真实。（访谈人6，学生）
> 首先肯定是要多拍，多拍你才能找到自己擅长的风格和自己的节奏。其次对于我拍的这种 Vlog 来说，人物其实是整个 Vlog 的灵魂，你拍的画面其实只是一个画面，一个静止的画面，是人物赋予了它灵魂，你在做什么？你在说什么？挺重要的，所以它就更鲜活了。其他就是保持一个开放的心态，愿意去尝试一些新的东西，然后能够坚持下来。（访谈人15，时尚博主、服装品牌经营者）

"真诚"在于要符合 Vlog 的定位，更在于真诚的人和事才能打动人，引发观众思想共振。出于人设坍塌的威胁与警示，任何过分的表演都有可能产生"逆火效应"，适得其反。然而，观众却会一直为人物的一致性和连续性以及背后的真实与诚恳买单。至于如何外化这种真诚，有效叙事非常重要。第一，与 Vlog 一直强调的人格化和风格化一致，突出人物是

Vlogger 的共同观点。无论是身体外表上的特色，还是性格上的独特性，人物刻画是成功叙事的关键秘籍。一方面，可以围绕关系展开，通过朋友、家人、同事等侧写塑造丰满的自我形象；另一方面，则可以通过职业角色拓展叙事灵感，挖掘"职业周边式"的故事素材。第二，保持对生活的洞察力，才能够将暗淡无光的日常收入镜中，强化熟悉的陌生感，提升内容的趣味性。第三，有创意的设计也是 Vlog 出圈的必要因素，"内容为王"的标准在 Vlog 创作中依然生效，独特的叙事结构、巧妙的构思和戏剧性拉满的剪辑手法都能将意识所想转化为"屏"中之物。

结　语

在 Vlog 谱写的文化序章里，以往研究多集中在视觉文化和消费文化方面，围绕日常生活视觉化和 Vlog 的商品性和引导性展开讨论。但是，Vlog 的视觉性绝不只有纯粹的影像表达和商业植入。参与式文化浪潮下的 Vlogger 是一个个能动的个体，占领着大众文化生产的高地，视觉霸权虽然让我们提防镜像的存在，却无法遮掩显现在文本里的真情实感，而文化的落地在文化圈层的区隔下，造就了不同声音的对话与分歧，但也能在某种程度和层面减少折扣，达成共鸣。

访谈样本基本信息表

序号	微博昵称	性别	年龄	职业	粉丝数量
1	壹壹 Yiiily	女	24	老师	160
2	Taylor_Dong	男	22	学生	181
3	吃不了玥	女	25	学生	334
4	Jolie 蒋小菌	女	29	文案策划	366
5	Miss_Yyyu	女	21	学生	421
6	Well25x	女	22	学生	725

续表

序号	微博昵称	性别	年龄	职业	粉丝数量
7	2022 版酱鸡酱	女	21	学生	749
8	- 霜花序	女	25	节目策划	760
9	W_llyy	女	25	公务员	786
10	-Obliviat	女	23	教师	4392
11	秋日依语	女	19	学生、设计美学博主	1.2 万
12	悉悉公举	女	25	留学生、美食博主	16.8 万
13	孙东山 s	男	26	导演、摄影师、初代 Vlogger	35.9 万
14	珍珠妈妈玲珑	女	28	全职妈妈、美食、母婴博主	55.5 万
15	xx_hanhan	女	29	时尚博主、服装品牌经营者	67.6 万
16	史里芬 Schlieffen	男	29	专职 Vlogger	318 万

专题五
数字传媒经济

身体的"整饰"与主体性的挣扎：在线健身平台直播课教练的审美劳动研究

曾　玲

摘要： 在新冠肺炎疫情的催化下，居家健身风潮兴起，促进了线上健身平台在中国迅猛发展。然而在数字平台的资本、运作机制和技术的介入下，健身教练的劳动模式也由此改变。本文从审美劳动的视角出发，通过对国内一家在线健身平台 10 名直播课教练和 5 名学员的深度访谈，并在该平台进行了为期三个月的参与式观察，发现平台在招聘和培训环节会要求教练锻造符合平台审美的标准化形象和秩序化风格。在网络直播技术和平台设计机制的影响下，教练们会运用塑造全体化身体景观、在自律中开展自我审美规训、扮演多重角色维系用户关系等策略遵循平台的规定进行身体的"整饰"，积极迎合平台用户对教练理想化身体属性的想象。在审美劳动中，教练们一方面培育出对自我身体美学价值的认同，但另一方面又在对抗平台时陷入深层的自我剥削，反映出劳动者在"劳—资—客"不对等的权力关系中主体性的挣扎。

关键词： 审美劳动；在线健身；直播课教练；身体；主体性

引 言

传统健身房的教练在日常工作中既需要为学员传授专业的健身知识和技能，又承担着推销课程和办卡等业务。然而在布尔迪厄（Pierre Bourdieu）的身体社会学框架下，健身教练在履行以上显性职能的同时，实际上还在工作中通过展现健美的体型、俊美的相貌成为学员们理想身体的范本和"行走的广告牌"①，通过持续精心培育身体资本，将自身塑造为天然的营销媒介②，自愿接受着他人的物性崇拜和符号性消费③。而他们在将身体转化为社会实体以换取经济资本的过程中需要付出大量劳动④，这种在雇主的要求下充分发挥个人身体资源优势以迎合顾客审美、促进顾客消费的劳动被称作审美劳动⑤。

在新冠肺炎疫情背景下，线下健身房营业受阻，使居家健身成为人们减脂塑形和强身健体的重要方式，促使大批线下健身房将业务向线上转化，推动了"互联网＋运动"健身产业线上平台的快速崛起。然而，在平台的介入下，传统雇佣关系之下的健身教练的审美劳动形式、发生机制和对行为主体的影响也更加复杂。本文基于审美劳动的视角对线上健身平台直播课教练的劳动生产进行考察，试图在数字化语境下激活传统审美劳动研究

① WILSON A, ZEITHAML V, BITNER M J, et al. Services marketing: integrating customer focus across the firm [M]. New York: McGraw Hill, 2016.
② MATTHEW F, DAVID M. Health clubs and body politics: aesthetics and the quest for physical capital [J]. Leisure studies, 2005, 24（2）: 161-175.
③ 彭逸林. 对消费社会身体景观的文化反思 [J]. 重庆大学学报（社会科学版），2003（5）: 88-91.
④ 希林. 身体与社会理论 [M]. 李康，译. 2版. 北京: 北京大学出版社，2010.
⑤ KARLSSON J C. Looking good and sounding right: aesthetic labour [J]. Economic and industrial democracy, 2012: 33（1）: 51-64.

的生命力，探讨健身教练审美劳动嵌入数字生态系统后产生的新问题，从而更加深刻地透视在数字平台介入下，审美劳动者的自我身份认同经历了怎样的异化与融合。

一、文献综述

（一）审美劳动研究起源

20世纪80年代以来，服务业在全球经济结构中的比重不断攀升，引发了劳动社会学学者对服务业中的劳动者状况的研究兴趣。1983年阿利·霍奇斯柴德（Arlie Hochschild）出版了《心灵的整饰：人类情感的商品化》（*The Managed Heart: Commercialization of Human Feeling*）一书，系统地讨论了商业势力如何将触角伸入人们的情感中。他认为资本能通过组织管理的方式制定劳动者压抑和调动情感的规则，并要求劳动者按照规则控制自己的情感以满足顾客的需要，从而帮助公司获得更多的利润，正式发展了"情绪劳动"（emotional labor）概念[①]，这一概念在21世纪初被引入中国。"情绪劳动"的提出拓展了传统劳动社会学的研究，推动中西方学者在这一理论

[①] 国内有相当一部分研究混淆了"情绪劳动"（emotional labor）与"情感劳动"（affective labor）的概念。根据学者刘芳儒（2019）、杨馨（2020）等人的界定，"情绪劳动"强调劳动者基于外部强加的规则在服务中掩盖或压抑消极的个人情感，以最终换取交换价值，在这一过程中习得了通过行为和认知控制情境，将表面扮演逐渐内化为自觉的深度表演，具有消极性。"情感劳动"来源于马克思主义政治经济学，强调劳动者以喜爱和激情作为驱动力，在劳动过程中"不断地获得自己的本质力量的确证"，是一种具有积极性的主体性生产。因此本文引用文献中许多"情感劳动"相关的研究实际上应该属于"情绪劳动"研究。

框架下开展聚焦于某一行业的中观研究，他们对美容美发①、空乘服务②、酒店管理③等各类服务业劳动都进行了观察探索，并逐步厘清"情绪劳动"的概念和边界。

随着互联网发展和各类数字平台涌现，线上服务经济日趋繁荣，催生了一大批新兴职业，中国学者对情感劳动研究的对象由传统服务业从业者也转向了网络主播④⑤、短视频创意劳动者⑥、外卖骑手⑦⑧甚至明星粉丝⑨⑩等。此类研究往往在"数字劳动"的理论框架下结合中国在地的具体案例探讨数字劳工所进行的情绪劳动。

然而随着 20 世纪 90 年代以来品牌经济崛起，"服务业的劳动内容不仅卷入情感，而且与'品牌'形象相关，开始具有符号和审美的意义"⑪。而品

---

① 施芸卿.制造熟客：劳动过程中的情感经营——以女性美容师群体为例 [J].学术研究，2016（7）：60-68，177.

② 李晓菁，刘爱玉.资本控制与个体自主：对国内空姐情感劳动的实证研究 [J].妇女研究论丛，2017（5）：24-36.

③ 佟新.我国服务业的工作和劳动关系：以星级饭店业的工作和劳动关系为例的研究 [J].江苏社会科学，2013（2）：12-18.

④ 胡鹏辉，余富强.网络主播与情感劳动：一项探索性研究 [J].新闻与传播研究，2019，26（2）：38-61，126.

⑤ 董晨宇，叶蓁.做主播：一项关系劳动的数码民族志 [J].国际新闻界，2021，43（12）：6-28.

⑥ 刘战伟，李嫒嫒，刘蒙之.平台化、数字灵工与短视频创意劳动者：一项劳动控制研究 [J].新闻与传播研究，2021，28（7）：42-58，127.

⑦ 孙萍."算法逻辑"下的数字劳动：一项对平台经济下外卖送餐员的研究 [J].思想战线，2019，45（6）：50-57.

⑧ 李胜蓝，江立华.新型劳动时间控制与虚假自由：外卖骑手的劳动过程研究 [J].社会学研究，2020，35（6）：91-112，243-244.

⑨ 庄曦，董珊.情感劳动中的共识制造与劳动剥削：基于微博明星粉丝数据组的分析 [J].南京大学学报（哲学·人文科学·社会科学），2019，56（6）：32-42.

⑩ 陈璐.情感劳动与收编：关于百度贴吧 K-pop 粉丝集资应援的研究 [J].文化研究，2018（3）：123-134.

⑪ 苏熠慧.从情感劳动到审美劳动：西方性别劳动分工研究的新转向 [J].妇女研究论丛，2018（6）：43-55.

牌形象往往依托于劳动者身体的呈现，于是劳动者的身体被商业公司打造成具有审美意义的符号进行展示。这种身体操纵相比于建立在社会互动中的情感劳动更加隐而不见却更根深蒂固，而身体的商品化也是"情绪劳动"相关的研究中一直以来被忽视的层面。

国外一些学者由此开始将对劳动的考察从情绪层面延伸到身体的重要作用层面，他们吸收了布尔迪厄提出的"身体资本"理论和女性主义者关于身体消费的批判，在"情感劳动"无法适应全球资本主义背景下新的劳动变化时，发展并形成了"审美劳动"（aesthetic labor）概念。"审美劳动"由英国社会学家克里斯·沃赫斯特（Chris Warhurst）、丹尼斯·尼克森（Dennis Nickson）、安妮·维茨（Anne Witz）三人于 2000 年提出，他们将审美劳动定义为"劳动者在进入就业市场时所拥有的'具身能力和特征'（embodied capacities and attributes）的供给"[①]。雇主们通过招聘、选拔和培训将这些能力和特征商品化，有意将它们转化为在视觉或听觉上具有审美性的"能力"（competencies）或"技能"（skills），从而生产出一种风格（style）来吸引顾客，使员工们达到看上去美（looking good）和听上去悦耳（sounding right）的审美效果[②]。相比于情感劳动中企业对劳动者的外部控制，审美劳动通过影响并形塑劳动者的自我认同来加强控制，达到劳动者的自我商品化（self-commodification），是资本对劳动者的一种深层控制。"审美劳动"概念的提出获得了西方学者的热切关注与回应，对于审美劳动

---

① WARHURST C，NICKSON D P，WITZ A，et al. Aesthetic labour in interactive service work：some study evidence from the "new" glasgow [J]. The service industries journal，2000，20（3）：1-18.

② WARHURST C，NICKSON D P. Looking good and sounding right：style counselling and the aesthetics of the new economy [M]. London，LDN：Industrial Society，2001.

的研究开始扩展到零售业 ①②③、展会业 ④、影视和创意产业 ⑤⑥ 等的工作者在劳动生产中的审美实践。这些研究往往将种族、移民身份、性别等因素纳入劳动场所不平等的考察中 ⑦⑧，对影响审美劳动的因素做出了细化的考究。

虽然"审美劳动"在我国的理论和经验探索尚处于起步阶段，但少数学者已经有意识地将这一前沿理论放置在中国新型的经济模式中加以检验和完善。苏熠慧、周杨盛揭示了"粉丝经济"形式下，资本对明星品牌潮流店内售货员的审美劳动控制 ⑨。刘芳儒以电竞陪练师为研究对象，发现陪练师们通过各种身体实践吸引顾客下单，完成自我商品化 ⑩。但是总体而言，中国学界对审美劳动研究涉及的行业相较于国外较为局限，对健身领域的

① MCINTYRE M P. Commodifying passion：the fashion of aesthetic labour［J］. Journal of cultural economy，2014，7（1）：79-94.

② WALTERS K. "They'll go with the lighter"：tri-racial aesthetic labor in clothing retail［J］. Sociology of race and ethnicity，2018，4（1）：128-141.

③ KATIRCIOGLU E，TEKIN O A. Examining the relationships between female frontline employees'aesthetic labour and burnout［J］. Tourism and hospitality management，2021，27（3）：503-528.

④ DASHPER K L. The "right" person for the job：exploring the aesthetics of labor within the events industry［J］. Event management，2013，17（2）：135-144.

⑤ HRACS B J，LESLIE D.Aesthetic labour in creative industries：the case of independent musicians in Toronto，Canada［J］.Area，2014，47（1）：66-73.

⑥ BRYDGES T，SJÖHOLM J.Becoming a personal style blogger：changing configurations and spatialities of aesthetic labour in the fashion industry［J］. International journal of cultural studies，2018，22（1）：119-139.

⑦ MEARS A.Aesthetic labor for the sociologies of work，gender，and beauty［J］. Sociology compass，2014，8（12）：1330-1343.

⑧ QUACH S. JEBARAJAKIRTHY C. THAICHON，P. Aesthetic labor and visible diversity：the role in retailing service encounters［J］. Journal of retailing and consumer services，2017，38：34-43.

⑨ 苏熠慧，周杨盛."粉丝经济"中的青年偶像崇拜与"审美劳动"［J］.青年学报，2015（4）：57-61.

⑩ 刘芳儒.游戏陪练的审美劳动及自我商品化［J］.中国青年研究，2022（2）：53-60.

探索更是稀少。此外，已有的审美劳动研究大多集中于雇主与员工间紧密的权力结构关系，但是如今传统付酬的劳动关系随着数字经济的发展"已转变为平台与个人以及粉丝受众三者之间并不存在强制性经济关系的劳动关系"①，这也启发本文在研究线上健身行业中存在的审美劳动时从"平台—教练—用户"三方互动视角入手对劳动产生机制的变革进行深入探讨。

（二）健身行业的审美劳动研究

近年来，都市人群消费理念的改变掀起了"健身热"，使得以健身行业为例展开的服务业劳动与消费形态的研究成为学界的焦点②。国外已有研究提出可以从服饰、体型和体能三方面对健身教练的审美劳动进行解构。③中国学者万仞雪通过对线下健身行业的田野观察，总结出健身行业的审美劳动以身体规训为核心的管理政体和教练以营销外貌为主旨的具身实践构成④；亦有学者在针对健身教练的审美劳动研究中引入了数字平台中介的视角，发现平台介入打破了单一雇主对于女性团课教练审美劳动控制和策略的实施，使女性团课教练又卷入了市场和学员等多方主体中，引发了更隐蔽的自我剥削⑤。这一研究创新性地在新媒体语境下拓展了审美劳动研究，但是主要从女性主义视角探讨女性教练的审美劳动，忽视了男性教练也在劳动实践中受到审美资本主义的控制。再者，此类研究仍未超越对劳动者

① 吕鹏. 线上情感劳动与情动劳动的相遇：短视频/直播、网络主播与数字劳动［J］. 国际新闻界，2021，43（12）：53-76.
② 万仞雪. 审美劳动视野下服务业劳动过程的流变：以健身行业为例［J］. 甘肃社会科学，2021（4）：37-43.
③ HARVEY G，VACHHANI S J. WILLIAMS K. Working out：aesthetic labour，affect and the fitness industry personal trainer［J］. Leisure studies，2014，33（5）：454-470.
④ 万仞雪. 审美劳动视野下服务业劳动过程的流变：以健身行业为例［J］. 甘肃社会科学，2021（4）：37-43.
⑤ 牛天. 规制的美丽：平台中介下女性团课教练审美劳动的研究［J］. 妇女研究论丛，2021（6）：17-31.

的"剥削机制"分析，未注意到健身教练这一群体在平台资本主义下的主体性和能动性建构。

因此，综合以上文献，本文认为有必要深化对在线平台健身教练从事的审美劳动的研究，将教练的审美劳动过程置于"平台—教练—用户"三方互动的框架中予以细致观察，同时将研究从女性主义视角扩展到对在线健身教练整个群体劳动状态的观照，以期获得更全面的观察。具体而言，本文试图回答以下三个问题：在线健身平台直播课教练进行着怎样的审美劳动？平台在其中发挥着怎样的作用？教练们的审美劳动究竟导致了劳动者在资本操控下的自我剥削和异化还是助推了劳动者自我主体性的确立？

二、研究方法

本文综合国内各大线上健身平台的用户规模和研究目的，选择了 C 平台的线上直播课教练作为研究对象。C 平台成立于 2014 年，目前在国内主要城市拥有超过 200 家门店和超过 50 万付费学员，管理着近千名教练，已跻身国内健身行业的前列。2020 年疫情期间 C 平台发布了官方 App 和小程序，并推出线上团操课和私教课，成功联通了线上线下的健身课程服务，吸引众多年轻人成为主流消费人群。

本文首先通过目的性抽样和异质性抽样的方法进行样本选取，保证访谈对象为在 C 平台工作一年以上的全职教练，且教授课程项目重合度小、男女性别比例均衡、年龄分布较为分散。在确定了一部分访谈对象后，辅以滚雪球抽样的方式继续扩充满足上述要求的样本，最终在 C 平台筛选出 10 名直播课教练分别进行了 60—120 分钟的半结构化深度访谈，访谈时间集中在 2022 年 6 月至 8 月。同时，笔者还关注了访谈对象的微信朋友圈、微博、小红书等社交平台账号发布的内容，便于针对访谈对象特点设计提纲和更好地理解访谈结果。由于教练们的审美劳动可能会受到用户反馈的影响，笔者还对 5 名使用 C 平台线上直播课功能超过 3 个月的用户进行了约 60 分钟的访谈，使研究视角更为全面。所有访谈对象信息见表 1、表 2。

表1　受访教练信息表

编号	性别	年龄	主要教授项目	从业年限
A1	女	27	燃脂舞蹈	4 年
A2	女	23	活力蹦床、燃脂搏击	1 年半
A3	男	28	燃脂搏击、杠铃塑形、GRIT 高强度间歇训练等	8 年
A4	女	36	尊巴、身体平衡、有氧舞蹈	5 年
A5	男	30	燃脂搏击	5 年
A6	男	24	全身塑形、杠铃操、燃脂搏击	2 年
A7	女	29	瑜伽、燃脂瘦身操	7 年
A8	女	28	燃脂骑行、有氧舞蹈、尊巴	3 年
A9	女	32	局部塑形、心肺训练	6 年
A10	男	36	局部塑形、燃脂搏击、燃脂舞蹈	8 年

表2　受访用户信息表

编号	性别	年龄	职业
B1	男	21	学生
B2	男	25	企业员工
B3	女	22	学生
B4	男	23	学生
B5	女	29	企业高管

此外，为深入体会 C 平台的运营模式，笔者亲身参与了该平台多项健身项目的付费和免费线上直播课程，总上课时长达到 97 个小时，并在该平台的 App 和小程序的线上"社区"进行了长达三个月的参与式观察，同时撰写和整理了研究记录，以进一步丰富和补充访谈数据。上述操作过程完毕后，笔者使用 MAXQDA 软件对收集到的访谈资料进行编码并提取至理

论饱和。

三、身体遴选与品位培育：在线健身平台对教练形象的规制

（一）形象标准化：理想教练身体的遴选与锻造

研究发现，C平台对健身教练的审美实践规定渗透进了招聘、培训、管理、绩效考核等各个环节，这些规定连同C平台本身的设计机制、运营模式对健身教练的个人形象呈现进行着外显或隐性的约束。

运动健身产业中教练的个人形象与健身平台的品牌形象挂钩，平台利用教练的身体作为营销媒介，将品牌内涵的审美文化融入对教练身体资本的要求中。在C平台的招聘环节中，专业能力"只是最基本的敲门砖"（A4），在对应聘教练健身进行考察时，平台会观察教练看起来是否"有训练痕迹"（A5），通俗来说就是是否拥有较低的体脂率和明显的肌肉线条。因为教练外显的身体资本不仅能为用户在上课时带来视觉上的感官愉悦，在某种意义上也是对用户提供高质量服务的承诺：

> "毕竟如果你的身材好，那也是你自己本身自律的一个证明。如果你本身给人感觉不匀称，比较臃肿，你还教别人怎么锻炼，肯定就没有信服力。"（B3）

由于C平台的核心业务是单次收费模式的线上团操课，因此教练只需要把直播课上好而无须承担像线下一样推销课程和会员卡的压力。然而运营模式的转变也使平台对新教练的招聘和培训重点从销售能力转变为直播时的互动能力和临场应变能力。因此在招聘的软性要求上，C平台希望教

练"形象气质要积极阳光，性格外向"（A1），"最好要有一定的表演天赋"
（A8）便于在直播间活跃观众氛围。而假如教练并不能完美满足上述所有
要求，平台会提出相应的改进方向和建议，暗示教练参加后续的"新手培
训营"向平台的"标准化审美"靠拢。在聘用平台制定的审美门槛下，健
身教练的外形成为"物质化的、可被遴选、规划、评估和锻造的审美技能
（aesthetic skills）的一部分"①。

（二）风格秩序化：审美品位的模仿与培育

身体的形成要通过品位的培养，品位"体现于身体，并深刻影响着人
们对其身体的取向"②。对于健身教练而言，上课时的服饰、穿戴设备是其
审美品位最直观的符号载体。C平台并没有限制教练穿戴的服饰品牌和类
型，也不像许多线下健身房对服装做出统一化、标准化管理，只是建议教
练至少要"穿得像个教练"（A2），由教练自行摸索穿搭风格。C平台的新
教练初入平台时会经历一个审美习得的过程，主要表现为对权威教练的观
察和模仿，从而逐渐培育起自身的审美品位。有教练分享在刚入职时的观
察发现：

> "选择专业的运动品牌是一方面，还有服装的搭配也很讲究，女教
> 练穿leggings（紧身裤）或者到大腿中段的短裤，上衣穿比较显身材的
> T恤，男生穿T恤以及宽松短裤。"（A1）

优质的妆饰得到用户认可后甚至成为学员追逐的审美风格，增加了隐
形的交换价值，促使用户弥补自身与教练的品位差距，催生了教练内在的

---

① 万伊雪.审美劳动视野下服务业劳动过程的流变：以健身行业为例［J］.甘肃
社会科学，2021（4）：37-43.

② 希林.身体与社会理论［M］.李康，译.2版.北京：北京大学出版社，2010.

满足和自我修饰的动力。在访谈中，笔者发现教练们对于既有的审美标准并未产生任何不适或抵制情绪，而是将既有参照直接挪用为自愿的选择和偏好，因而其模仿过程可以视为一种规训化的身体实践①，在看似拥有自由审美选择权的环境中，完成品位的秩序化。

布尔迪厄认为："品位是对分配的实际掌控……它发挥着一种社会导向作用，引导社会空间中特定位置的占有者……走向与其社会地位匹配的实践或商品。"② 伴随着大量免费和价格低廉的健身直播课的出现，专业健身的消费群体从中产阶级向社会中下层扩展。面对所属社会阶层多元化的用户，C 平台也会鼓励教练多探索个人独特的教学风格，迎合不同用户的品位需求。受访者 A10 就表示自己因为比较幽默风趣，因此很容易受到年轻女用户的青睐。用户的正面反馈由此加深教练对自我风格的认同，引导教练深入培育自身优势。而受访者 A8 则表示自己在教学上对用户过于严格导致某段时间学员出勤率偏低，逐渐转变为"鼓励型"的授课风格才勉强获得了可观的出勤率。由此可见，即使平台鼓励教练形成具有鲜明特色的授课风格，但在流量至上的直播领域，教练们仍需在一定程度上克制、压抑个人性情，根据用户需求灵活调整服务风格。

综上，在以平台为中介的健身服务劳动中，教练一方面需要积极锻炼身体以达到平台对形象的硬性标准，另一方面更需要自觉在不同情境中服从来自平台和用户的软性规训，培育和调整性情、品位、风格，以迎合特定的审美需求，从而"完成审美价值到经济价值的转换"③。

---

① 熊欢，王阿影 . 性别身体的挑战与重塑：健身场域中女性身体实践与反思 [J]. 上海体育学院学报，2020，44（1）：49-58.

② PIERRE B.Distinction：a social critique of the judgement of taste，translated by richard nice [M].Cambridge：Harvard University Press，1984.

③ 刘芳儒 . 游戏陪练的审美劳动及自我商品化 [J]. 中国青年研究，2022（2）：53-60.

四、身体的"整饰"：在线健身教练的审美劳动策略

（一）身体作为商品：全景化身体景观的塑造

戈夫曼的"拟剧理论"认为每个人都在日常生活交往的特定场景中扮演着想要呈现给观众的某个角色，当表演结束退居后台才会回归本真的自我。而由于"电子媒介突破人际传播中时空的限制，将原本距离遥远的诸多场景和社会角色化合……多个场景中的行为可能同时出现在新的单一场景中"[1]，直播课教练们不仅在前台进行着迎合他人审美认同的理想化表演，还主动将私密的后台空间向粉丝开放，借由真实的名义完成精心设计的私人化表演，使审美劳动贯穿嵌入前后台行为中。

由于用户无法通过与健身教练亲身接触来判定教练是否适合自己，因此在走进直播间之前往往会通过浏览教练的个人主页来挑选更符合"眼缘"的教练，而这也使个人主页成为教练们前台表演的重要工具。C平台教练们主页上的形象照都由平台合作的照相馆拍摄完成，以保证照片专业的调色和质感，实现审美的初步统一，且平台会建议教练选用更有"亲和力"的照片，"看上去要健康清爽，符合职业特点"（A4）。出于吸引更多流量的目的，教练们会积极发挥能动性修饰自己的前台形象以满足用户对于直播课教练身体的想象和期望。比如负责燃脂搏击课程的男教练往往会侧身拍照，让上臂肌肉尽可能多地占据画面空间，而带舞蹈操课的教练衣着打扮的色彩往往更加明艳，姿势上强调活泼动感。除了借助服饰和道具彰显身体优势，教练们还会在个人简介中详细列举已获得的健身职业资格证书，凸显个人专业水平。此时形象照和专业认证可视作教练的身材、体能、专

---

① 刘娜，梁潇. 媒介环境学视阈下 Vlog 的行为呈现与社会互动新思考［J］. 现代传播（中国传媒大学学报），2019，41（11）：47-54.

业素养等具身属性的抽象化符号，共同营造出消费符号的文本化语境①。

　　教练们修饰个人主页是利用符号进行前置性表演的过程，以引导用户报名健身课程，而在后续开展直播课时则会从更多维度构造出更具诱惑性的身体景观。比如大多数教练在直播教学时会提高说话音调，营造富有激情的直播氛围；部分女性教练还会刻意练习用甜美嗓音与直播间观众互动，拓宽和加剧了身体商品化的范围和程度。此外，"审美价值不仅仅体现于单个商品精美、独特的外观形式，还依赖于不同商品以审美化的外观、形式、风格在空间中的排列组合"②，平台依循这一逻辑在健身直播间配备了全景大屏和智能灯光音效，为用户打造了线上"沉浸式"的运动场所。全景式的交互体验使用户与直播间打造的虚拟环境产生共鸣，而作为环境中行为主体的健身教练，也自愿将身体和言行暴露在群体视觉聚焦的窥伺下，与周遭物理环境融为一体完成"美学的建构"③，迎合受众对身体景观的窥视欲进而达到身体被消费的目的。

　　然而教练们对于身体景观的展示不仅局限于直播前台，还会延伸至后台，在深层次表演中不断涵化对自我审美的认同感。④为了给用户提供课后指导，教练们经常会添加学员为微信好友进行私下交流，同时也自觉地使用作为后台的朋友圈积极开展自我形象管理，将后台"前台化"。比如，受访教练 A5 在朋友圈常常以分享"健身好物"的形式展示最新购买的潮牌球鞋、运动服饰和器械装备，向外界传递自身的个性、品位、技能等符号信息，并借此寻求粉丝用户的审美认同。教练 A7 则乐于在朋友圈"晒"

① 刘芳儒.游戏陪练的审美劳动及自我商品化［J］.中国青年研究，2022（2）：53-60.
② 林滨，吴玲.审美资本主义的本质厘析：资本与审美的"共谋"［J］.东南大学学报（哲学社会科学版），2019，21（1）：46-53，143-144.
③ 林滨，邓琼云.消费意识形态视域中的身体消费审视与解读［J］.东北大学学报（社会科学版），2019，21（4）：337-343.
④ 刘亭亭，杨晓兵.平台"再中介者"与主播"孵化器"：网络直播公会的日常实践研究［J］.中国青年研究，2022（4）：103-111，102.

出跑步训练数据和记录锻炼中的身材曲线变化，将量化的身体作为一种社交手段吸引用户的凝视和反馈，在此过程中与受众共享审美价值观，也顺带促使用户的视线"凝聚于随后更日常化的线上影像或线下直观的身材上"①。

由此，审美劳动者通过主动打破前后台边界呈现了身体的全景图，在展示理想化审美属性的过程中加深了自我认同。

（二）品牌理念的内化：在自律中开展自我审美规训

健身教练在入职初期满足和服务平台与用户对身体形象的需求后，仍然要在日常锻炼中付出大量努力长期保持紧致的身型和较低的体脂率。在 C 平台的直播间中偶尔会有用户在弹幕发言时调侃教练的身材"是不是胖了""最近吃得不错啊""感觉好像掉肌肉了"，而在线下，此类评价一般只会限制在学员内部圈子中，较少以公开的方式传播。平台赋予用户的"直接评价权"虽然不会给教练带来实质上的奖惩，但在无形中给他们施加了身材管理的外部压力，被动将身体置于反向的"全景敞视监狱"②中。而走样的身型一方面会破坏用户对教练身体的美学想象，另一方面也会间接暗示教练较弱的自我管理能力，与品牌所推崇的"自律"理念相悖，进一步使用户对教练的信赖度下降，导致约课人数的下降：

"你的身材形象不好的话，是没有人上你的课的，你会自动被淘汰。"（A6）

---

① 许彤彤，邓建国．"量化自我"潮流中的技术与身体之同构关系研究：以运动应用程序 Keep 为例［J］．新闻与写作，2021（5）：46-53.
② 李晓蔚．"权力的眼睛"：全景敞视主义视域下的网络围观［J］．国际新闻界，2015，37（9）：70-79.

在工作中承受的绩效压力和形象约束会转化为教练在日常生活中的一种道德提醒，督促自己养成良好的饮食习惯，将自律的理念融入个人生活方式之中，并以此对身体施加一种自觉的控制：

> "之前我跟朋友聚餐都是想吃什么就吃什么，可是做教练之后因为上镜的话人的身材会显胖，我就尽量减少外面聚餐的频率了，要是实在跟朋友有约，我也会克制自己少吃或不吃碳水。"（A8）

许多教练也表示用自律的态度对待生活，一方面是教练们将自己塑造为用户心中的"理想化他者"、提升个人魅力以谋求职业发展的途径：

> "教练如果想要让自己获得更多的会员，需要让自己成为会员的榜样。给大家传递的信息是，你来上我的课，可以变得跟我一样身材更好。"（A4）

另一方面也将职场上审美劳动下的身体规训隐而不见地移植到日常生活的方方面面，并以强调自我获得感的方式和追求自律的名义强化了自身对平台价值观的认可，遮蔽了在平台与用户双重监督下的审美焦虑。

（三）人格魅力的经营：扮演多重角色维系用户关系

根据 C 平台教练介绍，平台从经营角度出发会十分注重考察教练的粉丝量、直播播放量、约课量和完课率等数据，并优先将黄金上课时段分配给数据优秀的健身教练，供他们增加个人曝光量，吸引更多学员。为了争取获得更多个人流量，教练们会巧妙搭建起与用户的多重关系以调动他们的情感投入，增强用户与自己的黏性，激发他们再次消费的欲望。布尔迪厄的"场域理论"提到，场域对影响社会行动及其时间的外在力量有自主的形塑机制①。在线健身平台的教练们也将与学员互动的空间或方式划分为不同的微观场域，以此作为构造各种进入其中的关系的客观性前提，并在其中扮演着形象各异的角色。

在直播进行的过程中，教练们的核心任务在于向成百上千收看直播的用户传授健身技巧，因此他们也将自身定位为兢兢业业的指导者。正如教师对学生作业有监督和检查的职责一般，教练们在直播中会积极督促学员们跟上课程进度，并以点名（念出用户的虚拟 ID）的方式让学员产生紧迫感。而当学员在直播中发送"好累呀""有点吃力"等弹幕时，教练会从严厉的监督者转变为温柔的激励者，鼓励学员"再坚持一下""加油，相信自己"，提供情感支持。随着与用户互动的频率增加，教练们在互动技能越发熟练时，往往会采用深层表演（deep acting）策略②，调动真实情感投入互动中。比如受访教练 A4 会下意识地记住熟悉的用户 ID，在直播课的休息时段与他们聊家常、询问他们最近的锻炼状态和目标达成情况以沟通感情，她认为：

> "经常来上课的学员，就是要给他们不同的感受，或者给他们周期性的目标，自己在备课上要花更多心思。"（A4）

而在脱离了工作场域的其他社交平台与用户私下沟通时，教练们则会完成角色转换，努力成为用户"亲切的朋友"。除了与学员们分享日常生活中的瞬间和片段、在节日向他们发去祝福和问候，让学员获得一种虚拟的陪伴感、快乐感和满足感③，有些教练甚至还会暴露自己"又吃了一堆高热

① 刘少杰.后现代西方社会学理论［M］.2 版.北京：北京大学出版社，2014.
② HOCHSCHILD A R. The managed heart：commercialization of human feeling ［M］.Berkeley：University of California Press，1983.
③ 王艳玲，刘可.网络直播的共鸣效应：群体孤独·虚拟情感·消费认同［J］.现代传播（中国传媒大学学报），2019，41（10）：26-29.

量食物"" "'摆烂'三天不运动"等与职业身份不符的"逾矩"行为，有意打破自己严苛自律、被仰望崇拜的"大神"人设，做出符合"人性弱点"的亲民举动，整合并塑造多元化的自我以创造自身的不可替代性，以更立体化的形象展示提高自己对于学员的人格吸引力。

五、主体性的挣扎：审美劳动者的反抗与深层隐忧

（一）反思平台审美标准

除了在身体层面进行自律性控制，C 平台教练还会自愿投入时间成本在专业知识和技能上以便提升自我。教练 A10 在朋友圈中经常会发布运动医学相关的讲义图片，并配上大量专业术语解释当日学习的内容，此外他还关注了大量运动健康科普博主来补充自己的专业盲区：

> "我可能比较关注他们的内容，比如说他们会说出一些什么样的知识，然后思考自己在课上以什么样的形式去输出。"（A10）

教练们不仅能够在弹幕区、App"社区"和其他社交平台与用户的沟通中捕捉到用户对教练的需求喜好，还可以观摩用户在"社区"推荐的热门直播课来吸取经验。

当问到教练们为什么愿意主动付出额外的时间和精力学习理论和技能时，他们表示唯颜值和人气论是对行业的一种亵渎，"外貌红利"可能可以在短期内为平台"引流"，而专业素养才真正决定了用户是否要长久地留在自己的直播间，身体资本更需要基础的专业能力加持才能持续发挥价值：

> "我反正觉得一个优秀的教练应该是以专业为根本……能够取决于

你能不能走得长远、走得更好，一定毋庸置疑的是你的专业能力或者是你对职业的态度。"（A9）

上述种种行为实际上折射出教练们内心对平台机制过度放大外形、审美因素的主体性反思和"弱抵抗"。当消费社会的审美原则在平台的推波助澜下深深编织进体育健身行业原本的工作意义时，劳动者们也开始警惕审美资本主义对人的全面宰制，试图重新思考"审美化"的体育健身行业所能赋予个体的积极意义，确立有利于实现自我重要价值的职业观念。

（二）以"希望劳动"逃脱单一平台控制

在线健身教练与用户的互动"并不仅仅由市场规则中的权利—义务或消费—服务来定义。相反，两者互动中很重要的一部分就是这种契约关系之外的熟人关系"[1]。在访谈过程中，笔者发现学员还会利用微博、小红书等社交平台向健身人群推荐与自己特别"投缘"的教练，心甘情愿为教练进行口碑传播，此时教练与学员培育起的亲密关系便不断积累并转化成商业价值。与此同时，教练们并不会全然依靠平台的推荐和排课增加个人曝光机会，还善于利用在工作平台上已积累的人脉，在其他社交媒体平台开展口碑营销，以此"启动整个社会关系网络中的自我品牌、知名度和声誉建设循环"[2]。比如，教练A5经营的小红书账号粉丝已超过50万，他在个人主页简介中注明是"C平台认证教练，带领百万学员线上健身"，他认为：

"其实做小红书大部分（本意）并不是为了公司（平台）考虑，而

① 万仞雪.新生代审美劳动者的劳动过程与自我锻造［J］.当代青年研究，2021（6）：93-99.
② 刘战伟，李嫒嫒，刘蒙之.平台化、数字灵工与短视频创意劳动者：一项劳动控制研究［J］.新闻与传播研究，2021，28（7）：42-58，127.

是为了自己考虑。这种设想一个是希望让更多人看到你，有可能转化到线下上你的课，另一个是将来可以成为一个有个人品牌影响力的账号而已。"（A5）

外国学者用"希望劳动"描述这种生产动机，指劳动者"目前进行的无酬或低报酬的工作，通常是为了经验或接触，希望未来的就业机会可能随之而来"①。在线健身教练在社交平台无偿的个人品牌经营，看似起到为健身平台宣传的作用，从长远来看更像是在追求可持续性的经济回报和事业保障，降低对平台的依赖性和从属性，只不过间接上促成了劳资双方的合作互惠。

（三）深层自我"审美化"的隐忧

即使健身教练们感受到平台的审美标准对自己的身体和心灵产生了一定压力，也意识到自己需要打破形象限制、在专业层面实现自我增值的必要，但在反抗性实践中似乎仍然难以逃脱平台和用户对自身形象要求的制约。比如教练 A7 在抖音运营着自己的瑜伽教学账号，个人直播和教学视频中的穿戴打扮、授课模式等与在 C 平台工作时高度相似，她表示：

"因为在工作中形成了一定的个人风格了，我也知道怎样上课学员接受度更高，所以就延续了工作时的习惯。"（A7）

可见日常劳动中平台的标准和资本市场主导下的审美观念不仅规训着健身教练的形象言行，亦在涵化和培育着用户的审美来创造需求，最终这

---

① KUEHN K, CORRIGAN T F. Hope labor: the role of employment prospects in online social production [J].The political economy of communication, 2013, 1（1）: 9-25.

种审美要求以习惯的形式深刻烙印在劳动者的认知和行为中，使他们在工作之外不自觉地沿用审美资本主义逻辑，进行深层的自我"审美化"。此外，即便健身教练能摆脱 C 平台的审美规制，又有可能卷入其他社交平台由算法推荐机制导致的新型剥削的风险中。从本质上而言，审美劳动者所要挣脱的并不只是平台的单向控制，而是平台资本与用户"共谋"的审美权力结构网。

六、讨论与总结

当平台技术作为一种结构性力量嵌入既有的社会场域中，"以自己的逻辑重塑与劳动相关的政治经济环境、劳动过程、劳动控制、生产政体、雇佣模式，甚至劳动者的意识形态时"[①]，研究劳动者的生存状态与在新型劳动模式下的主体性便成为社会值得关切的问题。

本文观察到在传统服务业向线上转化时，健身行业从业者的劳动范式也正历经深刻变革。因此本文以线上健身平台直播课教练作为研究对象，聚焦线上平台所依凭的技术逻辑和规则如何影响并形塑了教练们的审美劳动实践和审美认同，关注他们的个人体验，试图将传播政治经济学视阈下的劳动研究从简单的剥削叙事中脱离出来，探究健身教练们在"平台—劳动者—用户"新型权力结构下的博弈与抗衡。

研究发现，在线健身平台会通过硬性规定和软性规训推动教练们自我铸造视觉上标准化的身体和风格秩序化的形象，教练们则会运用打通前后台塑造全景化身体景观、内化品牌审美理念、经营多元人设提升人格魅力等策略按照制定的外在标准对身体进行不同维度和程度的建构。身处平台资本和用户的多元结构权力网络之下，审美劳动者虽然感受到直播数据、

---

① 姚建华.数字劳动：理论前沿与在地经验［M］.南京：江苏人民出版社，2021.

人气流量、用户评价体系等平台机制对职业发展和自我管理的压力，却在一定程度上借由审美劳动实现了自我完善和自我发展，完成了积极的审美认知建构与价值形塑，"在劳动过程中不断地获得自己的本质力量的确证"①。然而在抵抗平台审美规训的同时，审美劳动者难以凭借个体力量逃脱平台和用户合力制定的形象逻辑，面临着陷入不自知的深层自我"审美化"风险。这越发凸显审美劳动中剥削机制的隐秘性和复杂性，也折射出劳动者主体性与审美资本主义逻辑的抗争与制衡中的风险和隐忧。然而，本文仅以一家健身平台的教练作为研究对象，而不同健身平台的运营模式可能导致审美劳动方式的变化，由此对劳动者的感知体验造成的影响也尚待探究，期待后续研究能对多家健身平台教练的审美劳动进行差异化比较研究。

---

① 刘芳儒.情感劳动（Affective labor）的理论来源及国外研究进展［J］.新闻界，2019（12）：72-84.

泛娱乐主播的情感劳动绩效影响因素研究

王　琦

摘要： 随着媒介技术的不断发展，网络上新兴行业层出不穷，泛娱乐主播已然成为备受追捧的典型代表。不同于传统服务行业，泛娱乐主播的情感劳动成为互联网劳动新模式。本文聚焦快手平台上的泛娱乐主播，采用定性比较分析法（csQCA）对 32 个泛娱乐主播的劳动过程进行探索。研究结果显示：多样化的情感表达是高绩效主播的惯用策略，"剧情式"的多种情感表达让主播的形象更加真实、立体，也使得直播作为一种"表演"更具观赏性。高频、长时的互动并非主播获得高绩效的关键要素，这与以往强调主播与观众的交流互动的认知不同，单纯与广泛的观众闲聊已不是高绩效泛娱乐主播的直播常态。关系维护是影响绩效的关键要素，而与重要用户的"关系维护"必然减少与更广泛观众的互动，结果显示由此造成的结果是利大于弊的。此外需要注意的是，主播为获取高绩效而采取的高强度情绪表达也可能导致情感劳动倦怠。

关键词： 泛娱乐主播；情感劳动；csQCA

一、研究背景

自 2016 年"网络直播元年"以来，网络直播进入了飞速发展的阶段。据中国互联网络信息中心发布的第 50 次《中国互联网络发展状况统计报告》显示，截至 2022 年 6 月，我国网络直播用户规模达 7.16 亿，较 2021 年 12 月增长 1290 万，占网民整体的 68.1%。[①] 众多直播平台可分为垂直类直播平台、游戏直播平台、泛娱乐（秀场）直播平台、版权直播平台。在这四种类型的直播平台中，泛娱乐直播起源于传统秀场，门槛较低，用户数量庞大。目前学界对于泛娱乐直播还没有统一的定义，有学者认为泛娱乐网络直播是以智能手机、平板电脑、PC 等终端设备为载体，依托互联网技术的网络基础搭建虚拟泛娱乐网络直播间，为用户实时呈现涵盖秀场、影视、音乐、综艺、兴趣技能、琐碎生活场景等泛娱乐网络直播内容，支持主播与用户、用户与用户之间实时交互的传播形态。[②] 因为泛娱乐直播平台具有较强的社交属性和情感色彩，所以直播的主要内容是观众和主播在直播间进行的交流和互动。[③]

网络直播交流与沟通的实时性特点为观众带来类似于日常对话的真实感。这在很大程度上扩展了人们在互联网世界中的情感表达空间，大量的观众进入直播间与网络主播进行互动，寻求情感满足与情感支持。相应地，网络主播在直播互动过程中也需要付出自己的情感能量。由此可见，网络

---

① 中国互联网络信息中心.第 50 次中国互联网络发展状况统计报告［R/OL］.（2022-08-31）.http://cnnic.cn/NMediaFile/2022/1020/MAIN166625866151 25EJOL1VKDF.pdf.
② 刘爽.泛娱乐网络直播商业模式研究［D］.上海：上海师范大学，2018：13.
③ 涂永前，熊赟.情感制造：泛娱乐直播中女主播的劳动过程研究［J］.青年研究，2019（4）：1-12，94.

主播职业是一个充满情感交流的职业。[①] 对于泛娱乐网络主播而言，虽然他们或多或少都会在直播过程中加入一些才艺表演，但以交流为基础的情感互动成为主播工作的主要内容。

二、文献回顾

凡是涉及人际互动的活动，都需要进行情感工作，霍克希尔德（Hochschild）指出：为了工资而管理情绪的劳动模式被称为情绪劳动。[②] 哈特（Hardt）和奈格里（Negri）认为非物质劳动最主要的就是情感劳动，指的是劳动者主要生产或操纵诸如放松的感觉、幸福感、满足感、兴奋或激情的劳动。[③] 情感劳动是非物质的，即使它是有形的、情感的，它的产品也是无形的：是一种轻松、友好、满意、激情的感觉，甚至是一种联系感和归属感。[④] 杰米·伍德科克（Jamie Woodcock）等认为直播中的网络主播的情感劳动兼有霍克希尔德的情绪劳动和哈特的情感劳动。[⑤] 主播的直播过程可以看作一场"表演"，包括需要在情感上做好准备，确保表演者事先处于正确的"情绪"。主播们试图产生一种无形的轻松、兴奋或激情的感觉，这些表演的目的在于吸引观众。

在网络直播场景中，主播们在商业逻辑的操控下，必须要有意识地、

①　胡鹏辉，余富强.网络主播与情感劳动：一项探索性研究［J］.新闻与传播研究，2019，26（2）：38-61，126.

②　HOCHSCHILD A R.The managed heart：commercialization of human feeling［M］.Berkeley：University of California Press，1983：7.

③　HARDT M，NEGRI A.Multitude：war and democracy in the age of empire［M］.New York：Penguin Books，2004.

④　HARDT M.Affective labor（Political economy）［J］.Boundary 2，1999，26（2）：89-100.

⑤　WOODCOCK J，JOHNSON M R.The affective labor and performance of live streaming on twitch.tv［J］.Television & new media，2019，20（8）：813-823.

充满情感性地表演和作秀并共享话语权，以极力鼓动观众打赏，进而获得流量以及流量带来的物质回报。[①] 网络主播以线上情感劳动和情绪劳动构成的数字劳动具有重视容貌与肉体、关注语言及话术、认可模仿与复制以及强调人设及表演等特征。[②] 泛娱乐主播通常是我们现实生活中的普通一员，为获得观众更多的注意力，主播需精心装扮外貌形象，有意识地控制自己的行为，展现乐于被人接受的行为。在其丰富的表演行为背后都有复杂的心理动机，主要为情感交流、身份认同和物质回报。[③] 由此可以看出，在商业逻辑和网络直播特性的共同影响下，网络主播必须要有意识地整饰和呈现情感。

随着网络社会的崛起，对情感劳动的讨论从线下蔓延到线上，且逐渐成为虚拟世界中互联网用户不可忽视的一种劳动形式。随着直播形式的热度不断提升，近年来关于网络主播的情感劳动开始引起学者们的关注。不同于传统服务行业评估工作者的情感劳动往往只牵涉对其服务的评价，网络主播的情感劳动直接影响着主播的绩效。目前，关于网络主播情感劳动的研究多聚焦于对主播的剥削和异化[④]，也有学者通过田野调查、访谈法等对秀场直播中的商品化关系以及主播与观众的互动进行分析[⑤]，但对于网络主播的情感劳动绩效情况还未充分关注。网络主播的劳动收益究竟是否能够通过不同程度的情感劳动投入而实现？怎样的情感劳动实践维度是主播获取高收益的关键？这些实现路径又会对作为劳动主体的主播带来怎样的

① 荀瑶．网络直播的互动仪式探析［J］．学术交流，2018（5）：140-146.
② 吕鹏．线上情感劳动与情动劳动的相遇：短视频／直播、网络主播与数字劳动［J］．国际新闻界，2021，43（12）：53-76.
③ 肖畅，郝永华．拟剧论视角下泛娱乐直播中的表演行为［J］．新媒体研究，2018，4（12）：5-7.
④ SHENG Z. Producing avalue out of the invaluable：a critical/cultural perspective on the live streaming industry in China［J］．TripleC，2018，16（2）：805-819.
⑤ 董晨宇，丁依然，叶蓁．制造亲密：中国网络秀场直播中的商品化关系及其不稳定性［J］．福建师范大学学报（哲学社会科学版），2021（3）：137-151.

影响？这些问题是本文想要探讨的关键。因此，本文选择以泛娱乐主播这一典型以情感劳动为主要劳动方式的主体作为研究对象，探讨不同维度的情感劳动对主播劳动绩效的影响。

三、研究设计

（一）研究方法

1987 年，查尔斯·拉金（Chales C. Ragin）在其专著《比较方法》中首次将"定性比较分析法"①（Qualitative Comparative Analysis，QCA）引入社会科学领域。作为一种案例导向型的研究途径，定性比较分析法以集合和布尔代数等技术手段为基础，旨在融合定性和定量研究方法的优势。

本文使用 QCA 研究方法的合理性主要有以下两点。一是泛娱乐主播的情感劳动对直播热度的影响是多变量、多要素共同作用的结果，这些变量和要素是在各种复杂条件下组合共同发挥作用的。二是目前很多研究对于影响因素的分析仅仅停留在单一因素分析的层面，没有考虑到其本身的复杂性与多元的因果关系，且多以观察法通过经验总结来进行描述。QCA 研究方法采用多个案研究，避免了单一分析的偏向，通过建立起因果关系的多元分析构成，充分注意到了个案本身的异质性和复杂性。将案例描绘成变量的组合，能分析多重因果关系的组合和多元逻辑条件的组合。

QCA 研究方法具体又分为清晰集定性比较（csQCA）分析方法和模糊集定性比较（fsQCA）分析方法。清晰集定性比较分析方法认为集合之间

---

① RAGIN C C. The comparative method：moving beyond qualitative and quantitative strategies［M］.Berkeley：University of California Press，1987.

的关系存在着明显的界限，只能处理影响变量和结果变量均为二分变量的案例。而模糊集合理论的引入将集合之间的关系处理为一种程度关系，可以将定距变量处理成隶属度分数，对集合进行交集和并集的运算。因为本文所设计的变量都有明确的赋值标准，可以进行直接的二分变量处理，因此本文采用清晰集定性比较分析方法。

（二）案例选取

QuestMobile 报告数据显示，在典型视频 App 中快手直播用户流量最高。本文选择快手平台上的泛娱乐主播为研究对象，对 2020 年 11 月—2020 年 12 月直播高峰期（每晚 7 时至 10 时）全国范围内直播间榜单上的泛娱乐主播展开随机选择，最终共选择案例 32 个并观察完成编码。

QCA 界于定性研究的案例取向与定量研究的变量取向之间，具有一定的优势。它对于样本规模的要求不高，在 10—60 个样本规模上都可以运用。根据惯例，中等大小的样本（10—40 个），解释变量数量最好为 4—7 个。① 由于本文解释变量共有 6 个，所以选取样本案例 32 个具有一定可行性。

（三）变量设计

劳动主体的情感展示规则以及互动行为是衡量情感劳动的关键维度，本文从这两个维度出发，细分出 6 个解释变量，具体情况如下。

1. 解释变量——互动行为

互动特质是情感表达中的一个关键指标，其中互动频次是指个体在单位时间内与他人互动的次数。一般而言，个体与他人互动越频繁，越可能

---

① 黄荣贵，桂勇. 互联网与业主集体抗争：一项基于定性比较分析方法的研究[J]. 社会学研究，2009，24（5）：29-56，243.

投入更多的情感^①，也越需要规制自己的情感展示。^②在泛娱乐直播过程中，观众可以通过留言或者通话的形式与主播进行互动，高互动性是直播的一大特色，也是能够提高用户参与感的主要方式，因此本文提出假设：

H1：主播与观众互动频率高是网络直播高绩效的主要因素

除互动频率外，莫里斯（Morris）和费尔德曼（Feldman）还增加了互动的持久度概念。持久度指的是个体与他人每次互动的时间长度。互动时间越长，个体越需要主动规制其情感表达。长时间的互动还可能让互动变得更加私人化，真实感受到的情感得以展示的可能性变大。^③因此本文提出假设：

H2：主播与观众互动持久是网络直播高绩效的主要因素

主播不仅需要通过种种互动方式吸引并尽可能长时间地让观众停留在自己的直播间，更需要针对一些特殊的用户或粉丝进行关系的维系。粉丝的维护对主播来说尤为重要，只有满足了粉丝的需求才能获得更多收入。直播间的观众多种多样，要利用虚拟的网络平台将"围观"的观众变成粉丝同样需要努力和技巧。因此，对粉丝的维护是考验主播能力的关键一步。^④在直播间，礼物的数量以及金额直接关系到主播的热度，热度越高，被其他"路过"的用户看到的希望也越大。而一般粉丝往往只是"围观"的态度，真正能够提供大额礼物的往往是少数，也即打赏榜的前几位或者

①　GUNAWARDENA C N, ZITTLE F J. Social presence as a predictor of satisfaction within a computer-mediated conferencing environment［J］. American journal of distance education, 1997, 11（3）: 8-26.

②　MORRIS J A, FELDMAN D C. The dimensions, antecedents, and consequences of emotional labor［J］. Academy of management review, 1996, 21（4）: 986-1010.

③　MORRIS J A, FELDMAN D C. The dimensions, antecedents, and consequences of emotional labor［J］. Academy of management review, 1996, 21（4）: 986-1010.

④　涂永前，熊赟. 情感制造：泛娱乐直播中女主播的劳动过程研究［J］. 青年研究，2019（4）: 1-12, 94.

是与主播合作的电商以及其他主播。因此与这些"大客户"的关系维系至关重要。主播往往通过给他们自己的私人联系方式或者与他们线上连线的方式对这些大客户给予关照或进行利益互换，因此本研究提出假设：

H3：主播与粉丝的关系维系是网络直播高绩效的主要因素

2. 解释变量——情感展示规则

情绪调节理论指的是情境生理认知评价，通过调节可以决定情绪的唤醒和认知，个体可以控制自己的情绪表达，以符合情境的表现规则①。同样，员工也会调节自己的情绪和认知，以便在工作中表现出适当的情绪。情绪调节理论被定义为"个体影响他们所拥有的情绪的过程，当他们拥有这些情绪时，以及他们如何体验和表达这些情绪"②，情绪调节为情感劳动提供了非常有用的指导框架。③组织中的情绪在本质上表现为积极、中立或消极。④积极的情感展示规则旨在增加员工和客户之间的喜爱关系；强调情感中立的展示规则用于传达冷静的权威和地位；强调愤怒和敌意的消极展示规则通常用于恐吓或制服客户。不管是积极抑或是消极的情感展示规则，都要求个体要努力规制自己的情绪。一般而言，情感劳动的展示规则要求雇员通过积极主动地规制来展示符合组织要求的情感。鉴于泛娱乐直播为观众带来放松与消遣的属性以及以获取"礼物"为目的的工作性质，主播可能更倾向于以积极的情感属性去面对观众，因此本文提出研究假设：

---

① GOFFMAN E. Presentation of self in everyday life [J]. American journal of sociology, 1949, 55: 6-7.

② GROSS J J. The emerging field of emotion regulation: an integrative review [J]. Review of general psychology, 1998, 2 (3): 271-299.

③ GRANDEY A A. Emotional regulation in the workplace: a new way to conceptualize emotional labor [J]. Journal of occupational health psychology, 2000, 5 (1): 95.

④ WHARTON A S, ERICKSON R I. Managing emotions on the job and at home: understanding the consequences of multiple emotional roles [J]. Academy of management review, 1993, 18 (3): 457-486.

H4：主播对观众的积极情感展示是网络直播高绩效的主要因素

情感劳动的另一个主要维度是工作角色所需的各种情绪表现。展示的情绪种类越多，角色扮演者的情感劳动投入也越多。服务提供者必须改变所表达的情绪以适应特定的情境，他们必须进行更积极的计划和有意识地监控自己的行为。[①] 考虑到许多服务接触的动态性质，不同职业和组织的展示规则需要根据给定事务需求来不断更改。[②] 类似地，有些工作经常需要情绪的频繁变化。泛娱乐主播所面对的主体不仅包括直播间内的观众，同时也需要与其他主播进行互动，并且随着电商与主播合作，主播面临着与更多主体对话的场景。面对不同的场景环境以及差异化的主体，主播往往会采取不同的情感展示策略，因此提出假设：

H5：主播情感展示的多样性是网络直播高绩效的主要因素

情感强度是指情绪被体验或表达的强度或程度，是衡量情感劳动的另一个重要指标。[③] 以往研究表明，情绪表现的持续时间与情绪表现的强度呈正相关。长时间的情感展示更可能是无脚本的、更强烈（真诚）情感的表现。[④] 在泛娱乐直播过程中，主播的表演是一个长时间的持续性过程，且为了能够吸引更多观众前来观看以及鼓励观众为自己刷礼物，主播常常采取一些夸张的情感表达方式。本文认为主播需要在展示中提供较高的情感强度，由此提出假设：

---

① MORRIS J A，FELDMAN D C. The dimensions，antecedents，and consequences of emotional labor [J]. Academy of management review，1996，21（4）：986-1010.

② SUTTON R I. Maintaining norms about expressed emotions：the case of bill collectors [J]. Administrative science quarterly，1991（36）：245-268.

③ MORRIS J A，FELDMAN D C. The dimensions，antecedents，and consequences of emotional labor [J]. Academy of management review，1996，21（4）：986-1010.

④ RAFAELI A. When cashiers meet customers：an analysis of the role of supermarket cashiers [J]. Academy of management journal，1989，32（2）：245-273.

H6：主播的高情感强度是网络直播高绩效的主要因素

3. 结果变量

本文将泛娱乐主播直播过程中的观众数以及红心数作为衡量主播情感劳动绩效高低的指标。将红心数大于 50 万且观众数大于 1 万的直播规定为高绩效，否则为低绩效。快手直播的红心代表人气值，红心越多，证明主播的人气越高，主播每天收到 300 个红心就可以在同城上显示自己以获得更高的曝光率，吸引更多观众。观众人数代表着用户流量，用户流量大不仅意味着主播有较高的人气，可以通过粉丝刷礼物来获取利益，同时也意味着这样的高热度能吸引电商合作以获取更大利益。

根据以上变量设计，本文对各变量进行赋值，建构 QCA 变量赋值表，如表 1 所示。

表 1　解释变量和结果变量的设定

变量		变量类型	判断说明	赋值
互动行为特质	互动频次	高	与观众互动 30min 内大于 10 次	1
		低	与观众互动 30min 内小于 10 次	0
	互动时间	长	与观众平均互动时间 >10s/30min	1
		短	与观众平均互动时间 <10s/30min	0
	关系维系	有	与粉丝以及"大客户"密切互动	1
		无	没有固定互动的"大客户"	0
情感展示规则	情感态度	积极	对观众表现积极的情绪	1
		非积极	对观众表现消极的情绪	0
	情感多样性	有	对不同主体表现的情感不一	1
		无	对不同主体表现的情感相似	0
	情感强度	强	情感激烈（亢奋、激动）程度强	1
		弱	情绪、情感表现较为平静	0
结果变量	绩效	高	红心 >50 万且观众数 >1 万	1
		低	红心数 <50 万，且观众 <1 万	0

四、定性比较分析与讨论

选取"互动频次"（freq.）、"互动时间"（dura.）、"关系维系"（rela.）、"情感态度"（atti.）、"情感多样性"（vari.）、"情感强度"（inten.）作为影响（解释）变量，解释"绩效"（result）这一结果变量，建立真值表，如表 2 所示。

表2　真值表

互动频次（freq.）	互动时间（dura.）	关系维系（rela.）	情感态度（atti.）	情感多样性（vari.）	情感强度（inten.）	绩效（result）	案例数
0	0	0	1	1	1	1	1
1	1	1	1	0	0	0	1
1	1	0	1	1	0	0	2
0	1	1	0	1	1	1	2
0	0	1	1	1	1	1	7
1	1	1	0	1	0	1	1
0	0	1	1	0	1	0	3
1	0	1	0	1	1	0	1
0	0	1	0	1	1	0	1
0	0	1	1	1	1	0	2
0	0	1	1	1	0	1	4
1	1	1	1	1	0	0	1
0	0	1	1	0	1	1	1
0	0	1	1	0	0	1	1
1	1	1	1	0	1	0	2
1	1	0	1	0	0	0	1
1	0	1	1	0	1	1	1

根据真值表进行 csQCA 数据统计，得到以下分析结果，如图 1 所示。

```
--- COMPLEX SOLUTION ---
frequency cutoff: 1
consistency cutoff: 0.777778
                                         raw          unique
                                         coverage     coverage      consi
                                         ----------   ----------    -----
~freq.*~dura.*rela.*atti.*~inten.        0.277778     0.277778      1
~freq.*~dura.*atti.*vari.*inten.         0.444444     0.444444      0.8
freq.*dura.*rela.*~atti.*vari.*~inten.   0.0555556    0.0555555     1
freq.*~dura.*rela.*atti.*~vari.*inten.   0.0555556    0.0555555     1
~freq.*dura.*rela.*~atti.*vari.*inten.   0.111111     0.111111      1
solution coverage: 0.944444
solution consistency: 0.894737
```

图 1 csQCA 数据统计结果

Result=~freq.*~dura.*rela.*atti.*~inten.+~freq.*~dura.*atti.*vari.*inten.+~freq.*dura.*rela.*~atti.*vari.*inten.+freq.*dura.*rela.*~atti.*vari.*~inten.+freq.*~dura.*rela.*atti.*~vari.*inten.

覆盖率最高的三种组合，也即泛娱乐主播情感劳动获得高绩效的最典型组合为：

低频互动 * 短时互动 * 积极情感 * 情感多样 * 情感强烈（0.44）

低频互动 * 短时互动 * 关系维系 * 积极情感 * 情感非强烈（0.28）

低频互动 * 长时互动 * 关系维系 * 消极情感 * 情感多样 * 情感强烈（0.11）

该表达式显示出以下三个结论。（1）低频互动是影响泛娱乐主播绩效的必要条件，在覆盖率最高的三种组合中只要该条件存在便指向高绩效。（2）分析结果中覆盖率最高的一种条件组合是：低频互动 * 短时互动 * 积极情感 * 情感多样 * 情感强烈，占到所有条件组合的 44.4%。因此泛娱乐主播与观众互动低频短时、对观众传递积极情感、直播中表露情感的多样性以及情绪表达激烈亢奋是泛娱乐主播获得高绩效的关键因素。（3）"关系维系"，即主播与区别于普通观众的"大客户"（其他主播、"榜一大哥"、电商卖家）等的互动也是泛娱乐主播获得高绩效的关键因素，在通往高绩效的情感劳动特征的 5 种组合中，有 4 种组合都涉及这一因素，且为正值。

据此，本文开展进一步分析。

（一）高频长时互动并非获得高绩效的关键因素

首先，获得较高绩效并非意味着主播需要及时对观众发在聊天框的内容进行回复与互动，且他们与观众的互动时间并不长。这可能是因为主播本身积累了足够的粉丝量，无须使用最基本的互动形式来拉拢用户成为自己的粉丝。其次，直播形式的不同也可能会导致互动的缺失却不影响主播的高绩效，如多人直播以及以主播之间互动为主的直播形式，在这种形式中，主播与观众之间的互动不再被强调，主播的行为活动更多地被当作观赏的对象。在对案例进行观察的过程中可以发现，拥有较高热度的主播会不断地与其他主播 PK，在这个过程中，二人的互相调侃与游戏成为观众观看的"表演"。这一研究结果也表明单纯与广泛的观众闲聊已不是泛娱乐主播直播形式的主流，主播要通过其他途径提高自己的热度。

（二）多方关系维系构建稳定利益链

主播维系的关系主要有三种。一为打赏榜排名靠前者，通常主播通过情感表达以及给予线下联系方式的途径来对粉丝给予情感支持，同时也会以实际的利好如带动其他观众为大粉丝增加粉丝量，也即为其引流。其中一些主播还为自己的粉丝们起了代号，如"× 家军"，而排名靠前的自然是领军人物。二为电商，电商通过刷大额礼物，使得主播快速达到"广场"的小时榜前位，进而吸引更多的观众进入直播间。当观众积累到一定程度时，与电商进行互动也即关系维系，实现二次售卖，将积累的观众传递给电商直播间，同时主播也凭借粉丝对其信赖为产品做背书。三为其他主播，主要通过合作表演的形式，或是 PK 或是进行更戏剧性的互动来互相引流，形成资源互换。主播与这些重要用户的关系维系必然减少与更广泛观众的互动，由此造成的结果是利大于弊的。但是对于初入行业、尚未与电商合作的主播，与观众的高互动仍然是常见的策略。

（三）多样化的情感表达满足不同场景需求

主播以不同的方式对待参与直播的主体。对待自己的观众多以正面的、积极的情绪态度，如传递正能量的价值观或是对观众的支持表示感谢，以维系与观众之间的和谐关系。在面对与自己 PK 的其他主播时则是以一种消极的情绪，甚至包含言语上的攻击去煽动气氛，构建粉丝之间的团结性，鼓励观众打赏以帮助自己赢得比赛。面对与自己合作的电商时，主播往往采取的也是消极的情感态度：以一种为粉丝谋福利的形象，努力砍价或是要求其发红包，主播与电商二者合力表演将用户很好地带入购物氛围中。这种多样化的情感表达能够增加直播的戏剧性，同时各种情绪的表达也让主播的形象更加真实、立体，使得直播"表演"更具观赏性。

（四）高情感强度下的氛围制造与情绪衰竭

获得高绩效的主播直播过程中往往情绪表达程度强烈，如在直播间有观众刷出巨额礼物后发出惊叹和感谢；在 PK 过程中以亢奋的情绪向观众拉票（"家人们，给我打他！"），配合以动感的音乐调动气氛；在与合作者、其他主播以及电商的互动过程中，情绪也通常保持亢奋、激动的状态以使得场面更加"热闹精彩"。但是，这种高情感强度的工作模式使得大部分主播的身体健康出现问题，在观察过程中往往能够听到情绪激动的主播嗓子嘶哑并伴随咳嗽，也有主播在直播中会袒露"前些天没上播，嗓子疼说不出话"。作为获得高绩效途径的高情感表达强度与主播的情绪衰竭以及劳动倦怠问题的矛盾值得关注。

综上，通过对泛娱乐主播情感劳动不同维度对直播绩效的影响探讨发现，与关键客户的关系维系以及多样化、高强度的情感表演是主播获取高流量和人气的关键因素。诸如快手这样的直播平台为所有人敞开怀抱，使得很多社会"草根"群体依靠情感劳动这一形式发家致富，成为类似于"明星"般的人物。但是一个行业的发展总会遇到挑战，正如一位快手老主播抱怨："平台增多了，主播也增多了，不炒作根本没流量。哪像当初谁都可以赚钱。"随着进入直播行业的人数增多以及直播形式的多样化发展，泛娱乐主播的竞争将逐步激烈，这种稍显同质化趋势的表演模式是否能够经得起时间的考验，以及主播将如何应对高强度情感劳动可能伴随的劳动倦怠与情绪衰竭现象，泛娱乐主播未来的可持续发展问题还有待进一步关注和研究。